T0207814

essentials

Essentials liefern aktuelles Wissen in konzentrierter Form. Die Essenz dessen, worauf es als „State-of-the-Art" in der gegenwärtigen Fachdiskussion oder in der Praxis ankommt. Essentials informieren schnell, unkompliziert und verständlich.

- als Einführung in ein aktuelles Thema aus Ihrem Fachgebiet
- als Einstieg in ein für Sie noch unbekanntes Themenfeld
- als Einblick, um zum Thema mitreden zu können.

Die Bücher in elektronischer und gedruckter Form bringen das Expertenwissen von Springer-Fachautoren kompakt zur Darstellung. Sie sind besonders für die Nutzung als eBook auf Tablet-PCs, eBook-Readern und Smartphones geeignet.

Essentials: Wissensbausteine aus den Wirtschafts, Sozial- und Geisteswissenschaften, aus Technik und Naturwissenschaften sowie aus Medizin, Psychologie und Gesundheitsberufen. Von renommierten Autoren aller Springer-Verlagsmarken.

Dirk Lippold

Einführung in die Personalmarketing-Gleichung

 Springer Gabler

Dirk Lippold
Berlin
Deutschland

ISSN 2197-6708   ISSN 2197-6716 (electronic)
essentials
ISBN 978-3-658-10208-1   ISBN 978-3-658-10209-8 (eBook)
DOI 10.1007/978-3-658-10209-8

Die Deutsche Nationalbibliothek verzeichnet diese Publikation in der Deutschen Nationalbibliografie; detaillierte bibliografische Daten sind im Internet über http://dnb.d-nb.de abrufbar.

Springer Gabler

Gedruckt auf säurefreiem und chlorfrei gebleichtem Papier

Springer Fachmedien Wiesbaden ist Teil der Fachverlagsgruppe Springer Science+Business Media (www.springer.com)

Vorwort

Nahezu jeder Personalmanager ist in seinem Berufsleben mindestens einmal dazu aufgefordert worden, für den Personalbereich insgesamt oder für seine Teilbereiche ein Konzept oder – etwas anspruchsvoller – eine Personalstrategie zu entwerfen. Solch ein „Entwurf" lässt sich deutlich leichter angehen, wenn man über einen vernünftigen Handlungsrahmen – also eine Gliederung – verfügt, der den geforderten Personalprozess schrittweise aufführt, in seine wichtigsten Teilprozesse (Prozessphasen) zerlegt und zugleich die Voraussetzung für eine Optimierung der Zielvariablen – nämlich die Personalgewinnung und die Personalbindung – schafft.

Die vorliegenden Ausführungen, die zu einem Großteil der 2. Auflage meines Buches „Die Personalmarketing-Gleichung. Einführung in das wert- und prozessorientierte Personalmanagement" sowie meinem Buch „Die Unternehmensberatung. Von der strategischen Konzeption zur praktischen Umsetzung" entnommen sind, verfolgen das Ziel, die Struktur und den Handlungsrahmen für den Entwurf einer schlagkräftigen Personalkonzeption aufzuzeigen. Neben der Prozessorientierung zeigt die Personalmarketing-Gleichung unter dem Aspekt der Wertorientierung für jedes Aktionsfeld im Personalbereich auch die entscheidenden Aktionsparameter und Werttreiber auf.

Zur Unterstützung des Leseflusses wurde auf die Verwendung von Fußnoten verzichtet. Eine ausführliche Auflistung der verwendeten und weiterführenden Literatur ist im Anhang enthalten.

Berlin, im März 2015   Dirk Lippold

Inhaltsverzeichnis

Sachlich-systematische Grundlegung 1

Die Idee der Personalmarketing-Gleichung beruht auf zwei Grundüberlegungen. Zum einen ist es die Darstellung und Analyse der Wertschöpfungs- und Prozessketten eines Unternehmens, zum anderen ist es die enge Analogie zur Marketing-Gleichung im (klassischen) Absatzmarketing.

1.1 Die personale Wertschöpfungskette

Die Wertschöpfungskette (Wertkette) eines Unternehmens umfasst die Wertschöpfungsaktivitäten in der Reihenfolge ihrer operativen Durchführung. Diese Tätigkeiten schaffen Werte, verbrauchen Ressourcen und sind in Prozessen miteinander verbunden. Die in Abb. 1.1 gezeigte Darstellung der Wertschöpfungskette geht auf Porter (1986) zurück und unterscheidet *Primär*aktivitäten und *Sekundär*aktivitäten:

- **Primäraktivitäten** *(Kernprozesse)* sind Eingangslogistik, Produktion, Ausgangslogistik, Marketing und Vertrieb sowie Kundendienst.
- **Sekundäraktivitäten** *(Unterstützungsprozesse)* stellen Beschaffung, Forschung und Entwicklung, Personalmanagement und Infrastruktur dar.

Aus der Kostenstruktur und aus dem Differenzierungspotenzial aller Wertaktivitäten lassen sich bestehende und potenzielle Wettbewerbsvorteile eines Unternehmens ermitteln. Durch die „Zerlegung" eines Unternehmens in seine einzelnen Wertschöpfungsaktivitäten kann jeder Prozess auf seinen aktuellen und seinen potenziellen Beitrag zur Wettbewerbsfähigkeit des Unternehmens hin durchleuchtet werden (vgl. Porter 1986, S. 19).

© Springer Fachmedien Wiesbaden 2015
D. Lippold, *Einführung in die Personalmarketing-Gleichung*, essentials,
DOI 10.1007/978-3-658-10209-8_1

Abb. 1.1 Wertschöpfungskette nach Porter

Das *Personalmanagement* zählt nach dem Grundmodell von PORTER zu den Se-
kundär- oder Unterstützungsaktivitäten, die für die Ausübung der Primäraktivitäten die notwendige Voraussetzung sind. Sie liefern somit einen *indirekten* Beitrag
zur Erstellung eines Produktes oder einer Dienstleistung. Ebenso wie die Primäraktivitäten lassen sich auch die Prozesse der Sekundäraktivitäten weiter unterteilen
in Prozessphasen, Prozessschritte etc. Prozesse können so auf unterschiedlichen
Ebenen in verschiedenen Detaillierungsgraden betrachtet werden (siehe Abb. 1.2).
Es soll in diesem Zusammenhang aber nicht unerwähnt bleiben, dass sich das
Grundmodell von PORTER in seiner Systematik schwerpunktmäßig auf die Wertschöpfungskette von Industriebetrieben bezieht. So ist bei Handelsbetrieben die

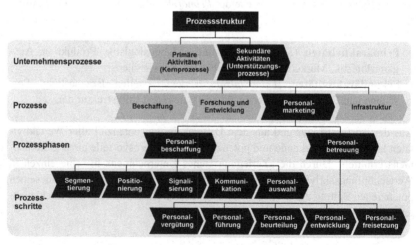

Abb. 1.2 Prozesshierarchie der personalen Wertschöpfungskette

Primäraktivität *Produktion* ohne Bedeutung und in der Beratungsbranche zählt das *Personalmanagement* nicht zu den Sekundär-, sondern zu den Primäraktivitäten. Generell sind es zwei Phasen (= Aktionsbereiche), die die Wertschöpfungskette des Personalmanagements bzw. des Personalmarketings bestimmen:

- Phase (= Aktionsbereich) der *Personalbeschaffung* und die
- Phase (= Aktionsbereich) der *Personalbetreuung*.

Während die Personalbeschaffung auf die *Mitarbeitergewinnung* abzielt, ist die Personalbetreuung auf die *Mitarbeiterbindung* ausgerichtet.

Um den Personalbeschaffungsprozess im Sinne einer Wertorientierung optimieren zu können, ist es sinnvoll, die Prozessphase **Personalbeschaffung** in seine einzelnen Prozessschritte (= Aktionsfelder) zu zerlegen und diese jeweils einem zu optimierenden *Bewerberkriterium* als Prozessziel zuzuordnen:

- *Segmentierung* (des Arbeitsmarktes) zur Optimierung des *Bewerbernutzens*
- *Positionierung* (im Arbeitsmarkt) zur Optimierung des *Bewerbervorteils*
- *Signalisierung* (im Arbeitsmarkt) zur Optimierung der *Bewerberwahrnehmung*
- *Kommunikation* (mit dem Bewerber) zur Optimierung des *Bewerbervertrauens*
- *Personalauswahl und -integration* zur Optimierung der *Bewerberakzeptanz*.

Analog dazu wird die Prozessphase **Personalbetreuung** in ihre Prozessschritte (= Aktionsfelder) aufgeteilt und ebenfalls jeweils einem zu optimierenden *Bindungskriterium* zugeordnet:

- *Personalvergütung* zur Optimierung der *Gerechtigkeit* (gegenüber dem Mitarbeiter)
- *Personalführung* zur Optimierung der *Wertschätzung* (gegenüber dem Mitarbeiter)
- *Personalbeurteilung* zur Optimierung der *Fairness* (gegenüber dem Mitarbeiter)
- *Personalentwicklung* zur Optimierung der *Forderung und Förderung* (des Mitarbeiters)
- *Personalfreisetzung* zur Optimierung der *Erleichterung* (des Mitarbeiters).

Abbildung 1.3 liefert eine Darstellung der Zuordnungsbeziehungen zwischen Prozessphasen, Prozessschritte und Prozessziele im Personalsektor.

Prozessphasen	Prozessschritte	Prozessziele

		➤ **Mitarbeitergewinnung**
Personalbeschaffung	Segmentierung	→ Optimierung des Bewerbernutzens
	Positionierung	→ Optimierung des Bewerbervorteils
	Signalisierung	→ Optimierung der Bewerberwahrnehmung
	Kommunikation	→ Optimierung des Bewerbervertrauens
	Auswahl und Integration	→ Optimierung der Bewerberakzeptanz
		➤ **Mitarbeiterbindung**
Personalbetreuung	Personalvergütung	→ Optimierung der Gerechtigkeit
	Personalführung	→ Optimierung der Wertschätzung
	Personalbeurteilung	→ Optimierung der Fairness
	Personalentwicklung	→ Optimierung der Forderung/Förderung
	Personalfreisetzung	→ Optimierung der Erleichterung

Abb. 1.3 Prozessphasen, Prozessschritte und Prozessziele im Personalmanagement

1.2 Wertorientiertes Personalmanagement

Mit der Analyse der Wertschöpfungskette ist zugleich auch die Grundlage für ein *wertorientiertes Personalmanagement* gelegt. Es steht für eine betont quantitative Ausrichtung der *Aktionsparameter*, der *Prozesse* und der *Werttreiber* des Personalsektors am Unternehmenserfolg.

- **Aktionsparameter** sind Stellschrauben, die dem Management zur Verbesserung der Effizienz und Effektivität innerhalb eines Aktionsfeldes zur Verfügung stehen. Im Vordergrund steht also die aktive Beeinflussung erfolgswirksamer Personalmaßnahmen im Sinne der angestrebten Aktionsfeldziele.
- **Prozesse** im Personalsektor sind durch Vielfalt und Vielzahl gekennzeichnet. Gleichwohl stellen die oben als Aktionsfelder bezeichneten Prozessschritte die strategisch und im Hinblick auf die Entwicklung des Unternehmenswertes wichtigsten Prozesse dar.
- **Werttreiber** sind betriebswirtschaftliche Größen, die einen messbaren ökonomischen Nutzen für den Unternehmenserfolg liefern. Sie operationalisieren Aktionsparameter und Prozesse in messbaren Größen und beeinflussen unmittelbar den Wert des Unternehmens (vgl. DGFP 2004, S. 27).

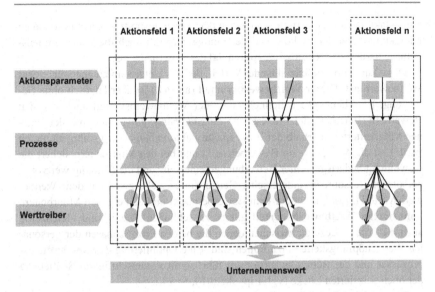

Abb. 1.4 Konzeptionelle Zusammenhänge im wertorientierten Personalmanagement

Das inhaltliche Rahmenkonzept des wertorientierten Personalmanagements geht von den Aktionsparametern aus, ordnet diesen die betreffenden Prozesse zu und zeigt für jeden Prozess die jeweils relevanten Werttreiber auf.

In Abb. 1.4 sind die konzeptionellen Zusammenhänge zwischen Aktionsparameter, Prozesse und Werttreiber dargestellt.

Da die einzelnen Branchen-, Markt- und Umfeldbedingungen für jedes Unternehmen unterschiedlich sind, kann es auch kein einheitliches Standardkonzept für das wertorientierte Personalmanagement geben. Jedes Unternehmen muss daher sein eigenes wertorientiertes Konzept für den Personalsektor entwickeln. Im Rahmen dieser Ausarbeitung werden für alle Prozessschritte (= Aktionsfelder) der Personalgewinnung und Personalbetreuung entsprechende Aktionsparameter und Werttreiber beispielhaft vorgestellt (vgl. DGFP 2004, S. 30 ff.).

1.3   Analogien zum klassischen Marketing

Beide Teilziele der personalen Wertschöpfungskette, also die Personalgewinnung und die Personalbindung, lassen sich nur dann erreichen, wenn es dem Personalmanagement gelingt, die Vorteile des eigenen Unternehmens auf die Bedürfnisse vorhandener und potentieller Mitarbeiter (Bewerber) auszurichten. Die Bestimmungsfaktoren dieser Vorteile sind neben dem Leistungsportfolio, den besonderen Fähigkeiten, dem Know-how und der Innovationskraft auch die Unternehmenskultur, kurzum: das **Akquisitionspotenzial** des Unternehmens. Das Akquisitionspotenzial ist der Vorteil, den das Unternehmen gegenüber dem Wettbewerb hat. Dieser **Wettbewerbsvorteil** (an sich) ist aber letztlich ohne Bedeutung. Entscheidend ist vielmehr, dass der Wettbewerbsvorteil auch von den Bewerbern (innerhalb der Prozesskette *Personalbeschaffung*) und von den eigenen Mitarbeitern (innerhalb der Prozesskette *Personalbetreuung*) wahrgenommen wird. Erst die Akzeptanz im Bewerbermarkt und bei den Mitarbeitern sichert die Gewinnung bedarfsgerechter Bewerbungen einerseits und die Bindung wertvoller personaler Ressourcen andererseits. Genau diese Lücke zwischen dem Wettbewerbsvorteil *an sich* und dem vom Bewerbermarkt und den eigenen Mitarbeitern **honorierten Wettbewerbsvorteil** gilt es zu schließen. Damit sind gleichzeitig auch die Pole aufgezeigt, zwischen denen die beiden Prozessphasen der personalen Wertschöpfungskette einzuordnen sind. Eine Optimierung des Beschaffungsprozesses und des Betreuungsprozesses führt somit zwangsläufig zur Schließung der oben skizzierten Lücke (vgl. Lippold 2010, S. 3 f.).

Diese Aufgabenstellung erfordert eine Vorgehensweise, die in enger Analogie zum Vorgehen auf den Absatzmärkten steht. Im Absatzmarketing (also im klassischen Marketing) ist der Kunde mit seinen Nutzenvorstellungen Ausgangspunkt aller Überlegungen. Im Personalmarketing ist der gegenwärtige und zukünftige Mitarbeiter der Kunde. Die Anforderungen der Bewerber (engl. *Applicant*) und der Mitarbeiter (engl. *Employee*) an den (potenziellen) Arbeitgeber (engl. *Employer*) bilden die Grundlage für ein gezieltes Personalmarketing (vgl. Simon et al. 1995, S. 64).

Es soll in diesem Zusammenhang nicht unerwähnt bleiben, dass die in der Literatur immer wieder gezogenen Parallelen zwischen dem *Produkt*marketing (besonders des Konsumgüterbereichs) und dem *Personal*marketing zu kurz gegriffen scheinen. Die Vergleichbarkeit der Arbeitgeberleistung mit einer Dienstleistung (z. B. eines Projektes in der Investitionsgüterindustrie oder im Beratungsbereich) ist deutlich höher anzusetzen, als die mit einem klassischen (wenig erklärungsbedürftigen) Produkt (vgl. Beck 2008, S. 14 f. mit Hinweis auf Petkovic 2007, S. 47 ff.).

Zielführend ist vielmehr die umfassende **Definition des Marketings** als

Prozess im Wirtschafts- und Sozialgefüge, durch den Einzelpersonen und Gruppen ihre Bedürfnisse und Wünsche befriedigen, in dem sie Produkte und andere Austauschobjekte von Wert (…) anbieten und miteinander tauschen (Kotler et al. 2011, S. 39).

Damit ist es möglich, sowohl unternehmensexterne als auch unternehmensinterne Austauschprozesse zu betrachten, die neben rein wirtschaftlichen Tatbeständen auch soziale Tauschvorgänge umfassen (vgl. Schamberger 2006, S. 9 f.). Aufgrund dieses erweiterten Grundverständnisses liegt es nahe, den Marketinggedanken auf den Personalbereich und damit die Konzepte des (Absatz-)Marketings auf den externen und internen Stellenmarkt zu übertragen (vgl. Lippold 2010, S. 4 f.).

Aus den beiden Teilzielen der personalen Wertschöpfungskette (Personalgewinnung und Personalbindung) lassen sich zwei *Zielfunktionen* ableiten, eine zur Optimierung der Prozesskette *Personalbeschaffung* und eine zur Optimierung der Prozesskette *Personalbetreuung*. Dieser Optimierungsansatz lässt sich in seiner Gesamtheit auch – analog zur Marketing-Gleichung im Absatzmarketing (vgl. Lippold 2012, S. 31 ff.) – als (zweigeteilte) *Personalmarketing-Gleichung* darstellen:

1. Für den **Personalbeschaffungsprozess**:

Vom Bewerber honorierter Wettbewerbsvorteil = fachlicher Wettbewerbsvorteil

+ Bewerbernutzen + Bewerbervorteil + Bewerberwahrnehmung

+ Bewerbervertrauen + Bewerberakzeptanz

2. Für den **Personalbetreuungsprozess**:

Vom Mitarbeiter honorierter Wettbewerbsvorteil = fachlicher Wettbewerbsvorteil

+ Gerechtigkeit + Wertschätzung + Fairness

+ Forderung / Förderung + Erleichterung

Dabei geht es nicht um eine mathematisch-deterministische Auslegung dieses Begriffs. Angestrebt ist vielmehr der Gedanke eines herzustellenden *Gleichgewichts* (und Identität) zwischen dem Wettbewerbsvorteil an sich und dem vom Bewerber bzw. Mitarbeiter honorierten Wettbewerbsvorteil. Mit anderen Worten, hinter dieser Begriffsbildung steht die These, dass das Gleichgewicht durch die Addition der einzelnen, an Bewerber- bzw. Bindungskriterien ausgerichteten Aktionsfelder erreicht werden kann.

Zur Veranschaulichung dieser Gleichgewichtsbeziehungen dienen die in Abb. 1.5 und 1.6 vorgenommenen Darstellungen in Form einer **Personalmarketing-„Waage"**.

Abbildung 1.7 veranschaulicht darüber hinaus den ganzheitlichen Ansatz der Personalmarketing-Gleichung, indem sie die einzelnen Aktionsfelder in einen zeitlichen und inhaltlichen Wirkungszusammenhang stellt.

In dem Bewusstsein, dass sich der Arbeitsmarkt zu einem *Käufermarkt* für hoch qualifizierte Fach- und Nachwuchskräfte gewandelt hat, besteht der Grundgedan-

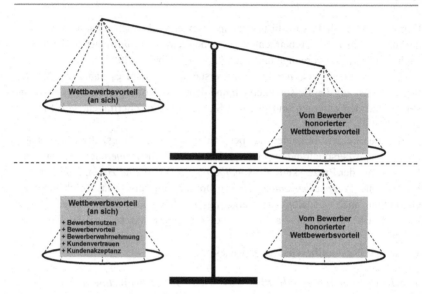

Abb. 1.5 Die Personalmarketing-„Waage" für den Personalbeschaffungsprozess

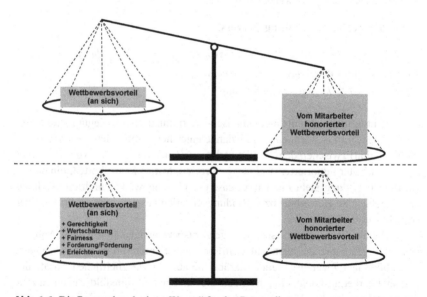

Abb. 1.6 Die Personalmarketing-„Waage" für den Personalbetreuungsprozess

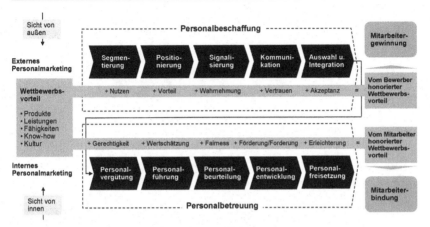

Abb. 1.7 Die Personalmarketing-Gleichung im Überblick

ke des hier skizzierten Personalmarketings darin, das Unternehmen als Arbeitgeber samt Produkt *Arbeitsplatz* an gegenwärtige und zukünftige Mitarbeiter zu „verkaufen".

Damit dies erfolgreich gelingt, sollte man sich immer wieder die Analogien zwischen Absatzmarketing und Personalmarketing – wie in Abb. 1.8 synoptisch dargestellt – vor Augen führen (vgl. auch Schamberger 2006, S. 11).

Abb. 1.8 Vergleich zwischen Absatzmarketing und Personalmarketing

Aktionsfelder der Personalmarketing-Gleichung 2

2.1 Prozesskette Personalbeschaffung

Die Wirkung der Prozesskette *Personalbeschaffung* ist auf den Arbeitsmarkt und damit (aus Sicht des Unternehmens) nach *außen* gerichtet. Als *externes* Personalmarketing beschäftigt sie sich mit den potentiellen Bewerbern und externen Beobachtern des Unternehmens. Sie soll den Zugang zu diesen Zielgruppen sichern und ein dauerhaftes Interesse am Unternehmen als Arbeitgeber erzeugen. Ziel des externen Personalmarketings ist also, neue geeignete Mitarbeiter für das Unternehmen zu gewinnen (vgl. DGFP 2006, S. 30).

Im Vordergrund des externen Personalmarketings steht daher die **Mitarbeitergewinnung.**

Die Analogie zum (klassischen) Absatzmarketing wird ganz besonders deutlich an den Aktionsfeldern der Personalbeschaffungskette. Begriffe wie *Positionierung, Segmentierung, Kommunikation* oder auch *Branding* haben ihren Ursprung und ihre konzeptionellen Grundlagen im klassischen Marketing. Die nachfolgende Übertragung dieser Begriffe auf das Personalmarketing ist deshalb zielführend, weil geeignete Bewerber quasi als Kunden genauso umworben werden müssen wie potentielle Käufer von Produkten und Dienstleistungen.

Dieser Wettbewerb um hoch qualifizierte und leistungsbereite Mitarbeiter lässt sich allerdings nicht dadurch lösen, dass bei Bedarf entsprechendes Personal von Konkurrenten abgeworben wird. Eine sorgfältige Personalauswahl, verbunden mit einer nachhaltigen Personalentwicklung, zeigt zumeist bessere Ergebnisse für den Unternehmenserfolg als die Abwerbung qualifizierter Mitarbeiter von der Konkurrenz. Denn die Wahrscheinlichkeit des Scheiterns abgeworbener Führungskräfte ist oftmals höher als für einen Mitarbeiter aus den eigenen Reihen, der im Rahmen einer systematischen Karriereentwicklung gefordert und gefördert wurde.

© Springer Fachmedien Wiesbaden 2015
D. Lippold, *Einführung in die Personalmarketing-Gleichung, essentials,*
DOI 10.1007/978-3-658-10209-8_2

Die Zielsetzung erfolgreicher Unternehmen muss also sein, leistungsbereite Nachwuchskräfte mit hohem Potenzial möglichst frühzeitig zu gewinnen. Diese Mitarbeiter müssen sodann weiterentwickelt, motiviert und an das Unternehmen gebunden werden. Allerdings ist hierbei zu beachten, dass besonders qualifizierte Bewerber zumeist die Wahl zwischen Angeboten mehrerer Unternehmen haben und daher sehr selbstbewusst während ihrer Arbeitsplatzwahl auftreten können. Damit stehen sich auf dem Arbeitsmarkt tendenziell zwei gleichberechtigte Partner gegenüber (vgl. Lippold 2010, S. 3; Schamberger 2006, S. 4).

Im Aktionsfeld *Arbeitsmarktsegmentierung* geht es um das Verständnis für eine bewerberorientierte Durchführung der Segmentierung. Ausgangspunkt ist dabei der Personalbedarf und die daraus abgeleiteten Anforderungsprofile.

Im Aktionsfeld *Arbeitsmarktpositionierung* ist innerhalb der definierten Bewerbersegmente eine klare Differenzierung gegenüber dem Stellenangebot des Wettbewerbs vorzunehmen. Arbeitgeberimage, Arbeitgebermarke und Arbeitgeberattraktivität stehen hierbei im Vordergrund.

Das Aktionsfeld *Signalisierung im Arbeitsmarkt* befasst sich mit der Umsetzung der Positionierungsinhalte in nachhaltige und wahrnehmbare Signalisierungsstrategien, deren Grundlagen aus dem Signalisierungsmodell abgeleitet werden.

Im Aktionsfeld *Kommunikation mit dem Bewerber* wird eine Vielzahl von Kommunikationsmöglichkeiten aufgezeigt, deren Ziel es ist, das Vertrauen zu leistungsfähigen Bewerbern aufzubauen und zu rechtfertigen

Im Aktionsfeld *Personalauswahl und -integration* schließlich wird der Einstellungsprozess vorgestellt und Möglichkeiten zur besseren Integration der neuen Mitarbeiter aufgezeigt.

2.1.1 Segmentierung

Die Akquisition von geeigneten Mitarbeitern kann nur dann erfolgreich sein, wenn das Unternehmen die Bedürfnisse und Anforderungen dieser Zielgruppe kennt, diesen mit seinem Auftritt gerecht wird und dies auch glaubhaft nach außen kommuniziert. Eine gezielte Ansprache wird dann erleichtert, wenn es gelingt, Kriterien aufzustellen, mit deren Hilfe die geeigneten Mitarbeiter identifiziert und von den sonstigen Bewerbern abgegrenzt werden können.

Im Rahmen des Personalbeschaffungsprozesses ist daher die **Segmentierung** (des Arbeitsmarktes) das erste wichtige Aktionsfeld für das Personalmarketing. Von besonderer Bedeutung ist dabei das Verständnis für eine *bewerberorientierte* Durchführung der Segmentierung, denn der Beschaffungsprozess sollte grundsätzlich aus Sicht des Bewerbers beginnen. Die Segmentierung hat demnach die Optimierung des *Bewerbernutzens* zum Ziel:

$$Bewerbernutzen = f\ (Segmentierung)\ optimieren!$$

Der Bewerbermarkt ist also keine homogene Einheit. Aufgrund der unterschiedlichsten Bewerberanforderungen und -qualifikationen besteht er aus einer Vielzahl von Segmenten. Die Anforderungen, die ein Bewerber an seinen zukünftigen Arbeitgeber stellt, und die Fähigkeiten der Unternehmen, diese Anforderungen zu erfüllen, sind maßgebend für die Bewerberentscheidung und damit für den Erfolg oder Misserfolg eines Unternehmens bei seinen Rekrutierungsbemühungen (vgl. Simon et al. 1995, S. 64).

Damit wird deutlich, welche Bedeutung die Segmentierung des Arbeitsmarktes für das verantwortliche Personalmanagement hat. Im Vordergrund steht die Analyse der Ziele, Probleme und Nutzenvorstellungen der Bewerber. Es muss Klarheit darüber bestehen, was das Gemeinsame und was das Spezifische dieser Bewerbergruppe im Vergleich zu anderen ist. Die hiermit angesprochene Rasterung des Bewerbermarktes erhöht die Transparenz und damit die Rekrutierungschancen.

Die **Methode der Marktsegmentierung** hat ihren Ursprung im klassischen Marketing. Im Bereich der Personalbeschaffung ist die arbeitsmarktbezogene Segmentierung bislang noch wenig verbreitet (vgl. Stock-Homburg 2013, S. 150 unter Bezugnahme auf Waite 2007, S. 17)

Abbildung 2.1 gibt einen Überblick über die verschiedenen **Stufen und Abhängigkeiten der Segmentierung** im Personalbereich.

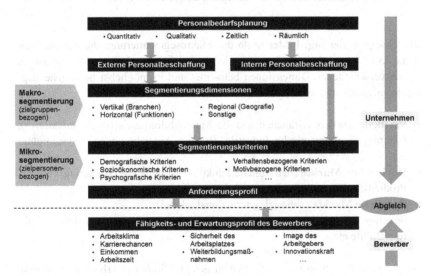

Abb. 2.1 Stufen und Abhängigkeiten in der Arbeitsmarktsegmentierung

Ausgehend von der Personalbedarfsplanung muss zunächst entschieden werden, ob die gesuchte Stelle/Position mit eigenen Mitarbeitern (intern) oder mit neuen Mitarbeitern (extern) besetzt werden soll. Die externe Besetzung setzt im nächsten Schritt eine Arbeitsmarktsegmentierung voraus. Dieser als Makrosegmentierung bezeichneten Phase, die alle in Frage kommenden Bewerberzielgruppen ins Auge fasst und analysiert, folgt die *zielpersonenorientierte* Mikrosegmentierung. Das Ergebnis der Mikrosegmentierung ist ein konkretes **Anforderungsprofil** der gesuchten Stelle. Das Anforderungsprofil ist wiederum Grundlage für die Maßnahmen in den anschließenden Aktionsfeldern *Positionierung, Signalisierung* und *Kommunikation*. Letztlich wird dann das Anforderungsprofil der Position mit dem **Fähigkeits- und Erwartungsprofil** des Bewerbers abgeglichen.

Für das einzelne Unternehmen sind in aller Regel nur bestimmte Ausschnitte des Arbeitsmarktes von Bedeutung. Daher ist es notwendig, zunächst diese Ausschnitte (Segmente) zu bestimmen, in denen das Unternehmen tatsächlich aktiv ist bzw. aktiv werden sollte.

Zur Differenzierung der unterschiedlichen Zielgruppen und Zielpersonen bietet sich – analog zum Absatzmarketing – eine Segmentierung des Arbeitsmarktes in zwei **Segmentierungsstufen** an:

- die **Makrosegmentierung** zur Auswahl und Ansteuerung der relevanten *Segmentierungsdimensionen* und
- die **Mikrosegmentierung**zur Festlegung der relevanten *Segmentierungskriterien*.

Makrosegmentierung. In der Stufe der Makrosegmentierung, die den strategischen Aspekt der Arbeitsmarktsegmentierung beinhaltet, wird der Arbeitsmarkt in seinen verschiedenen Dimensionen betrachtet und in möglichst homogene Segmente aufgeteilt. Die wichtigsten Dimensionen sind:

- **Vertikale Märkte** (Branchen wie die Automobilindustrie (engl. *Automotive*), Chemie, Pharmazeutische Industrie, Banken, Versicherungen, Konsumgüter etc.)
- **Horizontale Märkte** (betriebliche Funktionsbereiche wie Marketing/Vertrieb, Produktion, Logistik, Forschung und Entwicklung etc.)
- **Regionale Märkte** (national, international, global)
- **Sonstige Märkte** (Markt für Hochschulabsolventen, Berufseinsteiger, Führungskräfte etc.).

Diese erste (segmentierungsstrategisch ausgelegte) Stufe der Arbeitsmarktanalyse ist deshalb für das suchende Unternehmen von Bedeutung, weil auf diese Weise bereits geeignete Bewerbergruppen identifiziert und von den sonstigen Bewerbern abgegrenzt werden können.

Mikrosegmentierung. Die darauf folgende (taktisch ausgelegte) Stufe der *Mikrosegmentierung* befasst sich mit den Zielpersonen innerhalb der in der Makrosegmentierung ausgewählten Zielgruppen. Die Mikrosegmentierung basiert auf den Ausprägungen ausgewählter *Segmentierungskriterien* (vgl. Homburg und Krohmer 2006, S. 487):

- **DemografischeKriterien** wie Alter, Geschlecht, Familienstand;
- **SozioökonomischeKriterien** wie aktuelles Einkommen, Vermögen, Ausbildungsniveau, Branchenerfahrung, aktuelle Position, Berufsgruppe, Stellung im beruflichen Lebenszyklus;
- **PsychografischeKriterien** wie Lebensstil, Einstellungen, Interessen oder auch bedürfnisbezogene Motive;
- **VerhaltensbezogeneKriterien** wie durchschnittliche Betriebszugehörigkeit, Häufigkeit des Arbeitgeberwechsels;
- **MotivbezogeneKriterien** wie monetäre Motive, imagebezogene Motive, arbeitsinhaltliche Motive, karrierebezogene Motive bei der Stellensuche.

Die Segmentierung kann sich auf *eine* Kategorie von Segmentierungskriterien (z. B. verhaltensbezogene Kriterien) beziehen; es können aber auch verschiedene Gruppen von Segmentierungskriterien miteinander kombiniert werden. Die Segmente können sich dann aus scharf abgrenzbaren Zielgruppen oder aus Typen von Bedürfnisträgern zusammensetzen. Eine Typenbildung ist immer dann sinnvoll, wenn eine bedürfnisindividuelle Ansprache einzelner, potentieller Kandidaten aus ökonomischen Gründen nicht durchführbar scheint (vgl. Ringlstetter und Kaiser 2008, S. 257).

Abbildung 2.2 stellt beispielhafte Segmente für die o. g. Segmentierungskriterien gegenüber.

2.1.2 Positionierung

Die Wahl der geeigneten Mitarbeiter wird für Unternehmen durch die ansteigende Standardisierung der meisten Prozesse und Systeme innerhalb der eigenen Branche zunehmend zu einem strategischen Wettbewerbsvorteil (vgl. Sutherland et al.

Segmentierungs-kategorie	Beispielhafte Segmentierungs-kriterien	Beispielhafte Segmente			
		1	2	3	4
Demografische Segmentierung	• Alter • Geschlecht • Familienstand	Junge Inter-nationale	Reife Erfahrene		
Sozioökonomische Segmentierung	• Berufsgruppe • Beruflicher Lebens-zyklus • Einkommen • Position • Vermögen • Bildungsniveau	Technische Fachrichtung Schul-abgänger Oberes Management	Kaufm. Fachrichtung Hochschul-absolventen Mittleres Management	 Berufs-erfahrene Unteres Management	
Psychografische Segmentierung	• Bedürfnisbezogene Motive • Kognitive Orientierung • Einstellung zur Arbeit • Aufstiegsstreben	„Auf das rich-tige Pferd setzen"-Typ Optimistisch Extrovertierte	„Viel verdie-nen, viel riskieren"-Typ Stille Hoffer	„Die Welt retten"-Typ Pessimisten	„Arbeiten, um zu leben"-Typ
Verhaltensbezogene Segmentierung	• Informationsverhalten • Arbeitsverhalten • Verhalten bei der Stellensuche	Informierte Job Hopper	Traditionelle Loyale	Interessierte Loyale	
Motivbezogene Segmentierung	• Monetäre • Imagebezogene • Karrierebezogene • Arbeitsinhalts-bezogene Motive	Image-orientierte	Karriere-orientierte	Gehalts-orientierte	Selbst-beweisende

Abb. 2.2 Beispielhafte Segmentierungskriterien und Segmente

2002, S. 13). Entsprechend groß ist das Bestreben, möglichst qualifiziertes Personal für das eigene Unternehmen zu gewinnen. Jedes Personal suchende Unternehmen tritt in seinen Segmenten in aller Regel gegen einen oder mehrere Wettbewerber an, da – wie bereits erwähnt – besonders qualifizierte Bewerber mit hohem Potenzial zwischen den Angeboten mehrerer potentieller Arbeitgeber auswählen können. In einer solchen Situation kommt der Positionierung des Unternehmens als Arbeitgeber eine zentrale Rolle zu.

Die **Positionierung** (im Arbeitsmarkt) ist das zweite wichtige Aktionsfeld im Personalbeschaffungsprozess und beinhaltet die Optimierung des *Bewerbervorteils*:

$$Bewerbervorteil = f \ (Positionierung) \ optimieren!$$

Die Positionierung verfolgt die Aufgabe, innerhalb der definierten Bewerbersegmente eine klare Differenzierung gegenüber dem Stellenangebot des Wettbewerbs vorzunehmen. Die Einbeziehung des Wettbewerbs mit seinen Stärken und Schwächen ist demnach ein ganz entscheidendes Merkmal der Positionierung.

Dem allgemeinen Verständnis nach treten Unternehmen als Anbieter von Arbeitsplätzen und Bewerber als Nachfrager von Arbeitsplätzen im Arbeitsmarkt auf. Im traditionellen Sprachgebrauch haben sich daraus die Bezeichnungen Arbeitgeber und Arbeitnehmer entwickelt.

Bei genauerer Betrachtung wird aber deutlich, dass Unternehmen und Bewerber gleichzeitig die Rolle des Anbieters und des Nachfragers einnehmen. Denn neben dem Angebot von Arbeit und den damit verbundenen Komponenten wie Einkommen, Arbeitsplatz und Unternehmenskultur werden von den Unternehmen auch Arbeitsleistung, Kompetenz, Einsatzbereitschaft und Zeit nachgefragt.

Auch der Bewerber befindet sich in einer Doppelrolle. Die klassische Funktion des Bewerbers ist die Nachfrage nach Einkommen, Arbeitszufriedenheit und Selbstverwirklichung. Gleichzeitig ist der Bewerber aber auch Anbieter von Kompetenz, Motivation und Zeit, also Anbieter der von den Unternehmen im Arbeitsmarkt nachgefragten Leistung (vgl. Simon et al. 1995, 11 f.).

Aus der Perspektive des potentiellen Bewerbers bilden das wahrnehmbare Angebot und die wahrnehmbare Nachfrage eines Unternehmens zusammen die Gesamtheit der Merkmale, die ein Unternehmen von außen als Arbeitgeber definieren. Falls nun ein Entscheidungsspielraum bei der Wahl des zukünftigen Arbeitgebers vorhanden ist, besteht die Funktion der individuellen Unternehmenswahl darin, dass ein Bewerber die Merkmale der verschiedenen Arbeitgeber prüft und dann das Unternehmen wählt, dessen wahrgenommene Merkmale am besten mit den individuellen Anforderungen, die der Bewerber an einen Arbeitgeber stellt, vereinbar sind (vgl. Thomet 2005, S. 7 f.).

In dieser (Wettbewerbs-)Situation reicht es für das (suchende) Unternehmen nicht aus, *ausschließlich* nutzenorientiert zu argumentieren. Neben den reinen Bewerber*nutzen* muss vielmehr der Bewerber*vorteil* treten. Das ist der Vorteil, den der Bewerber bei der Annahme des Stellenangebots gegenüber dem (alternativen) Stellenangebot des Wettbewerbers hat.

Wer überlegenen Nutzen *(Bewerbervorteil)* bieten will, muss die Bedürfnisse, Probleme, Ziele und Nutzenvorstellungen des Bewerbers sowie die Vor- und Nachteile bzw. Stärken und Schwächen seines Angebotes gegenüber denen des Wettbewerbs kennen. Die wesentlichen Fragen in diesem Zusammenhang sind:

- Wie differenziert sich das eigene Stellenangebot von dem des Wettbewerbs?
- Welches sind die wichtigsten Alleinstellungsmerkmale (engl. *Unique Selling Proposition*) aus Bewerbersicht?

Bei der Beantwortung geht es allerdings nicht so sehr um die Herausarbeitung von Wettbewerbsvorteilen an sich. Entscheidend sind vielmehr jene Vorteile, die für den Bewerber interessant sind. Vorteile, die diesen Punkt nicht treffen, sind von untergeordneter Bedeutung. Unternehmen, die es verstehen, sich im Sinne der Bewerberanforderungen positiv vom Wettbewerb abzuheben, haben letztendlich die größeren Chancen bei der Rekrutierung von geeigneten Bewerbern (vgl. Lippold 2010, S. 10).

Einen guten Überblick über die wichtigsten Kriterien, die bei der Arbeitgeberwahl – zumindest für Hochschulabsolventen – eine wichtige Rolle spielen, liefert Insert 2.1. Der hier dargestellte Kriterienkatalog ist das Ergebnis einer Befragung, die vom Prüfungs- und Beratungsunternehmen ERNST & YOUNG (EY) auf dem Kölner Absolventenkongress 2012 durchgeführt wurde. Er gibt für jeden potenziellen Arbeitgeber deutliche Hinweise zur Positionierung im Arbeitsmarkt.

Insert 2.1 Kriterien bei der Arbeitgeberwahl

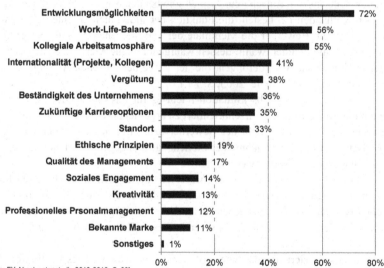

Welche Eigenschaften und Angebote eines Arbeitgebers sind für Sie ausschlaggebend bei der Entscheidung für einen Arbeitgeber?
(Mehrfachnennungen möglich, maximal fünf)

[Quelle: EY-Absolventenstudie 2012-2013, S. 23]

Im Rahmen der **Absolventenbefragung** haben sich die Befragten auch zu den Kriterien der Arbeitgeberwahl geäußert. Danach nehmen bei der Entscheidung für einen Arbeitgeber immaterielle Faktoren den höchsten Stellenwert ein: Entwicklungsmöglichkeiten sind für 72 Prozent der Befragten das wichtige Entscheidungskriterium, es folgen die Work-Life-Balance, eine kollegiale Arbeitsat-mosphäre sowie die Internationalität von Projekten und Kollegen. Erst an fünfter Stelle folgt die Vergütung, die für 38 Prozent der Befragten ein wichtiges Entscheidungskriterium ist. In diesem Zusammenhang weisen die Autoren der Studie darauf hin, dass im Jahr zuvor die Vergütung noch von gut der Hälfte der Befragten (49 Prozent) als wesentliches Entscheidungskriterium genannt wurde.

2.1.3 Signalisierung

Unter dem Aktionsfeld **Signalisierung** (im Arbeitsmarkt) soll im Personalmarketing die Gestaltung des *äußeren* Kommunikationsprozesses eines Unternehmens verstanden werden. Sie besteht in der systematischen Bewusstmachung des Bewerbervorteils und schließt damit unmittelbar an die Ergebnisse der Positionierung an. Die Positionierung gibt der Signalisierung vor, *was* im Markt zu kommunizieren ist. Die Signalisierung wiederum sorgt für die Umsetzung, d. h. *wie* das Was zu kommunizieren ist. Die Signalisierung ist damit das dritte wesentliche Aktionsfeld im Rahmen des Personalbeschaffungsprozesses und hat die Optimierung der *Bewerberwahrnehmung* zum Ziel:

$$Bewerberwahrnehmung = f \ (Signalisierung) \ optimieren!$$

Signale haben im klassischen (Absatz-)Marketing die Aufgabe, einen Ruf aufzubauen und innovative Produkt- und Leistungsvorteile glaubhaft zu machen. Das gilt in gleicher Weise für das Personalmarketing im Arbeitsmarkt. Unverzichtbare Elemente sind dabei Seriosität, Glaubwürdigkeit und Kompetenz in den Aussagen und Darstellungen. Dazu ist es erforderlich, dass die Signale mehrere Quellen (z. B. Unternehmens-, Stellenanzeigen, Internetauftritt, Recruitingprospekte) haben und in sich konsistent sind. Gleichzeitig muss sich das signalisierende Unternehmen bewusst machen, dass die Signale auch auf mehrere Empfänger mit unterschiedlichen Voraussetzungen und Zielen stoßen (vgl. Lippold 2010, S. 12).

Im Gegensatz zum Aktionsfeld *Kommunikation* (siehe Abschn. 2.4) befasst sich das Aktionsfeld *Signalisierung* ausschließlich mit den *unpersönlichen* (anonymen) Kommunikationskanälen. Bei der Signalisierung muss es also – im Gegensatz zur Kommunikation – nicht notwendigerweise zu einer Interaktion (zwischen Sender und Empfänger) kommen. Abbildung 2.3 macht diese Unterscheidung deutlich.

Um die Empfänger, d. h. die Zielgruppe der Signale, in ihrer unterschiedlichen Konditionierung mit den jeweils richtigen Kommunikationsinhalten anzusprechen, sollte zunächst ein *Signalisierungsmodell* aufgestellt werden. Ein solches Modell stellt die *Struktur* des Signalisierungsprozesses (Ziele, Strategien, Zielgruppe etc.) dar und ist die Grundlage für die zu signalisierenden Inhalte. Die *Signalisierungsinhalte* wiederum bilden in ihrer Gesamtheit das Signalisierungsprogramm, das dann von den *Signalisierungsinstrumenten* (Unternehmenswerbung, PR, Print- und Online-Stellenanzeigen etc.) umgesetzt und an die *Bewerberzielgruppe* herangetragen wird (vgl. Lippold 1998, S. 166 f.).

Die Zusammenhänge zwischen Signalisierungsmodell, -programm und -instrumenten sind in Abb. 2.4 dargestellt.

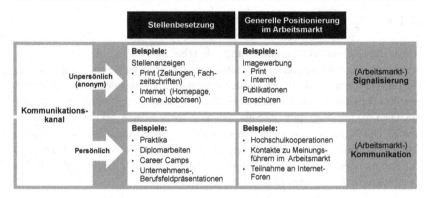

Abb. 2.3 Abgrenzung von Signalisierungs- und Kommunikationsmaßnahmen

Signalisierungsmodelle im Personalmarketing haben die Aufgabe, den Signalisierungsprozess mit potentiellen Bewerbern und externen Beobachtern eines Unternehmens zu strukturieren und in seiner Komplexität zu vereinfachen. Zur Verdeutlichung dieser Aufgabenstellung dient ein Signalisierungsmodell, das ursprünglich für den Absatzmarkt konzipiert wurde (siehe IBM 1984) und auf den Arbeitsmarkt übertragen wird.

Im Vordergrund des Signalisierungsmodells, das zugleich eine wichtige Voraussetzung für eine nachhaltige *Employer Branding-Strategie ist*, steht eine *Typologi-*

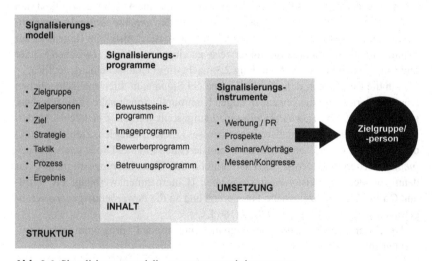

Abb. 2.4 Signalisierungsmodell, -programme und -instrumente

sierung der Signalempfänger innerhalb der definierten Zielgruppe. Diese Typologisierung ist keine fachbezogene Bestimmung der unterschiedlichen Zielgruppen, wie dies bei der Segmentierung der Fall ist, sondern grenzt die Signalempfänger innerhalb der Zielgruppe nach ihrer Stellung, ihrem Verhältnis und Kenntnisstand gegenüber dem kommunizierenden Arbeitgeber ab. Das Modell unterteilt die gesamte Zielgruppe der potentiellen Bewerber, Mitarbeiter und externen Beobachter in *Indifferente, Sensibilisierte, Interessierte* und *Engagierte* bezüglich ihrer Einstellung zum im Arbeitsmarkt kommunizierenden Unternehmen.

Den größten Teil dieser Zielgruppenzugehörigen (= Zielpersonen) bilden die **Indifferenten.** Sie stehen dem Unternehmen als Arbeitgeber uninformiert und desinteressiert gegenüber. Signalisierungsziel muss es hier sein, die Indifferenten zu sensibilisieren, indem man diesen Zielpersonen beispielsweise die Idee nahebringt, dass bestimmte (neue) Berufe, Berufsbilder oder Berufswelten gute Chancen im Arbeitsmarkt bieten. Angenommen, die Idee sei kommuniziert und die Botschaft angekommen, dann ist das erste Signalisierungsziel *Indifferente sensibilisieren* erreicht, bzw. das kommunizierende Unternehmen hat seinen Beitrag dazu geleistet. Alle Maßnahmen, die diesem ersten Signalisierungsziel dienen, spiegeln sich in einem *Bewusstseinsprogramm* wider.

Die zweite Gruppe der Zielpersonen ist bereits für die Idee sensibilisiert. Hier gilt es, das Interesse dieser Personen auf das eigene Unternehmen zu lenken. Das zweite Signalisierungsziel lautet also *Sensibilisierte interessieren*. Den **Sensibilisierten** ist deutlich zu machen, dass unter allen Arbeitgebern im definierten Marktsegment keiner mehr Vertrauen verdient als das kommunizierende Unternehmen. Die hierzu erforderlichen Signalisierungsmaßnahmen werden in einem *Imageprogramm* zusammengefasst.

Die dritte Gruppe innerhalb des Signalisierungsmodells sind jene Zielpersonen, die bereits konkret am Unternehmen als möglichen Arbeitgeber interessiert sind. Um diese **Interessierten** für das Unternehmen zu *engagieren*, muss der Entscheidungsprozess dahingehend beeinflusst werden, dass sich der Interessent für die ihm angebotene Stelle/Position entscheidet. Die Maßnahmen, die hierzu erforderlich sind, werden in einem *Bewerberprogramm* gebündelt.

Das vierte und letzte Signalisierungsziel richtet sich an die **Engagierten.** Sie sind vielleicht die wichtigste Zielgruppe, weil sie sich aus den eigenen Mitarbeitern zusammensetzt. Die Engagierten tragen entscheidend dazu bei, dass das Unternehmen jetzt und in Zukunft erfolgreich ist. Ziel ist es, das Commitment der Mitarbeiter tagtäglich zu sichern, um Fluktuation und Leistungsdefizite zu vermeiden. Es sind permanent Anstrengungen erforderlich, um die strategisch wichtigen Mitarbeiter und Mitarbeitergruppen zu motivieren und in ihrer Arbeitsplatzentscheidung zu bestätigen. Das Signalisierungsziel für die Kernzielgruppe

Ziel-personen	Indifferente	Sensibilisierte	Interessierte	Engagierte
Ziel (=Politik)	Indifferente sensibilisieren	Sensibilisierte interessieren	Interessierte engagieren	Engagierte betreuen
Strategie (=Pläne)	Idee signalisieren	Unternehmen signalisieren	Position/Stelle signalisieren	Entschei-dung absichern
Taktik (=Maßnahmen)	Bewusstseins-programm	Image-programm	Bewerber-programm	Betreuungs-programm
Prozess	Wahrnehmungs-prozess	Meinungs-bildungsprozess	Entscheidungs-prozess	Betreuungs-prozess
Ergebnis	Aufmerksamkeit	Vertrauen/ Glaubwürdigkeit	Einstellungs-wunsch	Bestätigung

[Quelle: IBM 1984 (modifiziert)]

Abb. 2.5 Das Signalisierungsmodell im Personalmarketing

lautet daher *Engagierte betreuen*. Das hierzu erforderliche Maßnahmenbündel ist das *Betreuungsprogramm*.

In Abb. 2.5 sind die Zusammenhänge zwischen Zielgruppe bzw. Zielperson, Signalisierungsziel ($\Rightarrow$ Politik), Signalisierungsstrategie ($\Rightarrow$ Pläne) und Signalisierungstaktik ($\Rightarrow$ Maßnahmen) dargestellt.

Anzumerken ist in diesem Zusammenhang, dass das hier vorgestellte Signalisierungsmodell eine sehr hohe Affinität zum Phasenmodell des Präferenz-Managements aufweist. Das **Präferenzmodell** unterscheidet vier Phasen (vgl. Beck 2008, S. 18 ff.):

- **Assoziationsphase**mit dem Akteur „Berufseinsteiger" bzw. „künftiger Arbeitskraftanbieter" (vergleichbar mit den „Indifferenten"),
- **Orientierungsphase** mit dem Akteur „anonymer Mitarbeiter" (vergleichbar mit den „Sensibilisierten"),
- **Matchingphase** mit dem Akteur „ potentieller Mitarbeiter" (vergleichbar mit den „Interessierten") und
- **Bindungsphase** mit den Akteuren „aktueller Mitarbeiter" und „ehemaliger Mitarbeiter" (vergleichbar mit den „Engagierten").

2.1.4 Kommunikation

Das Aktionsfeld **Kommunikation** (mit dem Bewerber) dient als Weichenstellung für den Entscheidungsprozess des Bewerbers und ist das vierte Aktionsfeld im Rahmen des Personalbeschaffungsprozesses. Ziel der Kommunikation ist der Einstellungswunsch des Bewerbers und der Aufbau eines Vertrauensverhältnisses. Bei der Kommunikation geht es somit um die Optimierung des *Bewerbervertrauens*:

Bewerbervertrauen= f (Kommunikation) optimieren!

Während die *Signalisierungs*instrumente nur in eine Richtung wirken, betonen die *Kommunikations*instrumente den Dialog. Es geht im Aktionsfeld *Kommunikation* also um den **persönlichen Kontakt** des Unternehmens mit dem Bewerber. Die hier für die Aktionsfelder verwendeten Begriffe *Signalisierung* und *Kommunikation* sind nicht trennscharf. Häufig wird die Signalisierung auch als *unpersönliche* Kommunikation bezeichnet (vgl. auch Simon et al. 1995, S. 175 ff.).

Für die (persönliche) Kommunikation gibt es – ebenso wie für die (unpersönliche) Signalisierung – ein ganzes Bündel von Maßnahmen. Es reicht über das Angebot von Praktika und Werkstudententätigkeiten über Seminare und Vorträge an Hochschulen bis zur Durchführung von Sommerakademien und Career Camps. Insgesamt werden diese Kommunikationsmaßnahmen dem **Hochschulmarketing,** das nicht nur für größere Unternehmen zunehmend an Bedeutung gewinnt, zugerechnet. Immerhin besitzt das Hochschulmarketing für 78 % aller Top-1.000-Unternehmen einen hohen Stellenwert und jedes zweite dieser Unternehmen sponsert Hochschulveranstaltungen (vgl. Recruiting Trends 2010, S. 22).

Eine Bestandsaufnahme des Hochschulmarketings macht deutlich, dass bei der Auswahl und Entwicklung von Kommunikationsmaßnahmen der Kreativität keine Grenzen gesetzt sind. Oft reichen im Wettbewerb um den geeigneten Bewerber die klassischen Wege der Bewerberansprache nicht mehr aus. Entscheidend aber ist in jedem Fall, dass ein glaubwürdiger Dialog im Vordergrund jeglicher Kommunikation steht. Nur über Glaubwürdigkeit lässt sich das notwendige Vertrauen beim Bewerber aufbauen.

Um die Vielzahl der zur Verfügung stehenden Kommunikationsmöglichkeiten und -maßnahmen in ihrer Bedeutung und in ihrer Wirkung auf das Informationsverhalten der Bewerber beurteilen zu können, bedarf es zunächst einer Strukturierung dieser Maßnahmen nach der **Form der Kommunikation** mit den Bewerbern. Danach sind folgende Maßnahmengruppen zu unterscheiden (vgl. Lippold 2010, S. 14):

• Maßnahmen der *direkten, individuellen* Kommunikation,
• Maßnahmen der *direkten, kollektiven* Kommunikation,
• Maßnahmen der *indirekten* Kommunikation und
• Maßnahmen der *Internet*-Kommunikation.

In Abb. 2.6 ist eine Zuordnung der wichtigsten Kommunikationsmaßnahmen im Personalmarketing zu diesen Kommunikationsformen vorgenommen worden. Beachtenswert bei diesem Maßnahmenbündel ist, dass es fast ausschließlich für

Abb. 2.6 Kommunikationsmaßnahmen

die Zielgruppe der Hochschulabsolventen bzw. Berufseinsteiger und weniger für erfahrene Berufswechsler oder Führungskräfte geeignet ist. Weiterhin ist zu berücksichtigen, dass die Maßnahmengruppen von den Inhalten her miteinander verwoben sind. Beispielsweise ist mit der Durchführung von Firmenworkshops oder Messeauftritten auch immer eine Präsentation des Arbeitgebers verbunden. Insofern ist eine trennscharfe Zuordnung der Einzelmaßnahmen zu den Maßnahmengruppen nahezu unmöglich.

Unter der Vielzahl der zur Verfügung stehenden Kommunikationsmaßnahmen soll an dieser Stelle auf die ständig wachsende Bedeutung von **sozialen Netzwerken** eingegangen werden. Um die Auswirkungen dieses Phänomens für das Personalmarketing einordnen zu können, ist es erforderlich, die Nutzung von **Social Media** durch die *Bewerber* einerseits und durch die *Unternehmen* als Arbeitgeber andererseits zu analysieren. Neben Bewerber und Unternehmen kommt aber noch eine dritte Zielgruppe für das Personalmarketing hinzu: die eigenen *Mitarbeiter*.

Nutzung von Social Media-Kanälen durch Bewerber. Eine Eingrenzung der Netzwerk-User auf die für das Personalmarketing relevanten Bewerberzielgruppen zeigt deutliche Unterschiede beim Nutzungsgrad der Social Media-Kanäle. So liegen bei den Bewerbergruppen mit weniger als drei Jahren Berufserfahrung FACEBOOK und die VZ-Netzwerke in der Beliebtheitsskala deutlich vorn, während bei den Bewerbern mit mehr als drei Jahren Berufserfahrung das Netzwerk XING am beliebtesten ist (Quelle:Talential 2010, S. 16).

Generell lässt sich sagen, dass sich die Bewerber/Kandidaten bei der beruflichen Nutzung noch in der Findungsphase befinden. Einerseits wollen sie Unternehmen ungern Einblicke in ihre private Sphäre geben, andererseits lieben sie die persönliche Ansprache (vgl. Petry und Schreckenbach 2010).

Nutzung von Social Media-Kanälen durch Unternehmen. Auch hier lässt sich feststellen, dass das Thema – obwohl bereits viele Unternehmen mit Social Media aktiv sind – mehrheitlich noch in den Kinderschuhen steckt. Social Media ist kein Event mit einem klar definierten Ende wie bspw. eine Messe, sondern ein kontinuierlicher Kommunikationsprozess zwischen den Beteiligten. Daher ist es auch so schwierig, hier eine nachhaltige Kommunikationsstrategie mit entsprechenden Kommunikationsverantwortlichen aufzubauen (vgl. Petry und Schreckenbach 2010).

Es ist selbstverständlich der Albtraum für jeden Bewerber, wenn sein neuer Job zum Greifen nahe scheint und dann doch eine Absage aufgrund eines peinlichen Fotos auf Facebook kommt. Tatsächlich nutzen immer mehr Personaler die sozialen Netzwerke, um sich über potenzielle Mitarbeiter zu informieren. Doch das eigentliche Potenzial des Web 2.0 liegt nicht in kompromittierenden Fakten, sondern in der Möglichkeit, von Mensch zu Mensch mit zukünftigen Kandidaten zu kommunizieren.

Nutzung von Social Media-Kanälen durch Mitarbeiter. Die Nutzung von Web 2.0-Applikationen und Suchmaschinen haben aber nicht nur die Möglichkeiten der Kommunikation durch das Internet für Unternehmen und Bewerber, sondern auch für die eigenen **Mitarbeiter** des Unternehmens erheblich erweitert. Diese können ihre Meinungen nun auch fernab von Presse- und Unternehmensmedien oder Kommunikationsabteilungen veröffentlichen.

Auch das Personalmanagement hat ganz offensichtlich erkannt, wie wichtig die Nutzung neuer Medien ist, um die interne Zusammenarbeit und die Verbindung der Mitarbeiter mit ihrer eigenen Organisation (engl. *Connectivity*) zu verbessern.

Zukünftig werden also immer mehr Mitarbeiter freiwillig oder unfreiwillig zu Botschaftern ihres Unternehmens bzw. der Unternehmensmarke. Auf diese (weitgehend unkontrollierbaren) Kommunikationswege müssen sich Arbeitgeber einstellen und vorbereiten. Employer Branding wächst also auch „von innen heraus".

Es ist also zu kurz gesprungen, wenn sich Unternehmen ausschließlich bei der Zielgruppe der potentiellen Bewerber positionieren. Auch andere Zielgruppen wie Mitarbeiter, Analysten, Kunden, Journalisten, Lieferanten, Alumni und sonstige Interessierte (also die *Stakeholder* eines Unternehmens) sind daran interessiert, wie sich das Unternehmen als Arbeitgeber präsentiert oder sich sozial engagiert. Hier müssen also PR-Arbeit und HR-Arbeit Hand in Hand gehen, auch (oder gerade!) wenn ein Arbeitgeber schon längst keine vollständige Kontrolle mehr darüber hat, was über ihn veröffentlicht wird (vgl. Jäger 2008, S. 64 f.).

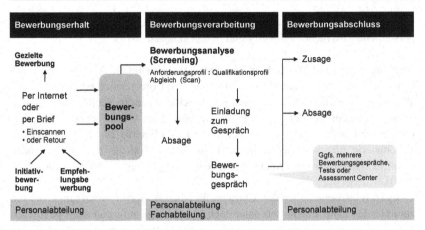

Abb. 2.7 Personalauswahlprozess (Schema)

2.1.5 Personalauswahl und -integration

Das fünfte und letzte Aktionsfeld im Rahmen der personalbeschaffungsorientierten Prozesskette ist die *Auswahl und Einstellung* des Bewerbers. Bei diesem Aktionsfeld geht es um die Optimierung der Bewerberakzeptanz:

Bewerberakzeptanz $= f$ (*Auswahl und Integration*) *optimieren*!

Ziel der Personal*auswahl* ist es, den geeignetsten Kandidaten für die vakante Stelle/Position zu finden. Ziel der Personal*integration* ist es, dem neuen Mitarbeiter die Einarbeitung in die Anforderungen des Unternehmens zu erleichtern. Während die Personalauswahl noch eindeutig der Personalbeschaffungskette zuzuordnen ist, bildet die Personalintegration die Nahtstelle zwischen der Personalbeschaffungskette und der Personalbetreuungskette.

In Abb. 2.7 ist der Personalauswahlprozess mit den Phasen *Bewerbungserhalt*, *Bewerbungsverarbeitung* und *Bewerbungsabschluss* beispielhaft skizziert.

Bewerbungserhalt. Gleich ob es sich um eine Bewerbung, die auf eine offene Stelle gezielt abhebt *(gezielte Bewerbung)*, um eine unaufgeforderte Bewerbung *(Initiativbewerbung)* oder um eine Bewerbung handelt, die sich auf eine Empfehlung bezieht *(Empfehlungsbewerbung)*, in jedem Fall sollte das Unternehmen jede Bewerbung in seine Bewerberdatei (Bewerbungspool) aufnehmen und über den Bewerbungszeitraum hinweg sammeln (vgl. Bröckermann 2007, S. 96).

Bewerbungsverarbeitung. Im Anschluss daran erfolgt eine Bewerbungsanalyse (Bewerberscreening) mit dem Ziel, den bzw. die besten Kandidaten zu einem Vorstellungsgespräch, das ggf. mit einem Eignungstest oder Assessment Center kombiniert wird, einzuladen. Zielsetzung des Vorstellungsgesprächs ist es, die *Könnens- und Wollenskomponenten* des Bewerbers im Hinblick auf die vakante Stelle zu betrachten. Das Interview dient darüber hinaus der Klärung von Details aus dem Lebenslauf. Letztlich soll im Einstellungsinterview festgestellt werden, ob der Bewerber auch tatsächlich zum Unternehmen passt, wobei emotionale Komponenten, aber auch rein äußerliche Merkmale durchaus eine Rolle spielen. Das Einstellungsinterview soll auch die Bewerber über das Unternehmen selbst, über die Anforderungen der vakanten Stelle und die Einsatzgebiete informieren.

Bewerbungsabschluss. Ist die endgültige Personalauswahlentscheidung (nach einem finalen Abgleich des Anforderungsprofils mit dem Eignungsprofil des Bewerbers) getroffen, folgen Zusage und Vertragsunterzeichnung.

Der Übergang zwischen den Phasen der Personalbeschaffungskette und der Phasen der Personalbetreuungskette wird durch die **Personalintegration** gekennzeichnet. Hier treffen Bewerber und Unternehmen nach einem positiv verlaufenen Auswahlprozess aufeinander, um das geschlossene Arbeitsverhältnis in eine für beide Seiten gedeihliche Zusammenarbeit umzusetzen. Die Personalintegration beschreibt die Einarbeitung des Mitarbeiters in die Anforderungen des Unternehmens. Sie ist ein wesentlicher Erfolgsfaktor dafür, dass der Neueinsteiger von Beginn an die an ihn gestellten Erwartungen erfüllt. Gleichzeitig erwartet aber auch der Mitarbeiter, dass seine im oben skizzierten Auswahl- und Entscheidungsprozess aufgebaute Erwartungshaltung gefestigt wird. Die Erfahrungen der Integrationsphase entscheiden sehr häufig über die zukünftige Einstellung (Loyalität) zum Unternehmen und prägen den weiteren Werdegang als Mitarbeiter. Daher sollte dem Neueinsteiger gerade in der ersten Zeit ein hohes Maß an Aufmerksamkeit geschenkt werden (vgl. DGFP 2006, S. 80).

Wie Erfahrungen in der Praxis immer wieder zeigen, lässt sich bei vielen Unternehmen gerade in der Integrationsphase ein großes Verbesserungspotenzial erkennen. Hier geht es vor allem darum, der besonderen Situation des neuen Mitarbeiters an seinem „ersten Tag" gerecht zu werden. Da der neue Mitarbeiter in aller Regel mehrere Optionen bei der Wahl seines Arbeitgebers hatte, wird er Zweifel hegen, ob er die richtige Entscheidung getroffen hat. Dieses in der Sozialpsychologie als **kognitive Dissonanz** bezeichnete Phänomen tritt immer dann verstärkt auf, je wichtiger die Entscheidung, je ähnlicher die Alternativen, je dringlicher der Entschluss und je niedriger der Informationsstand bei den Entscheidungsträgern ist. Somit kommt dem Arbeitgeber die Aufgabe zu, alle Anstrengungen zu

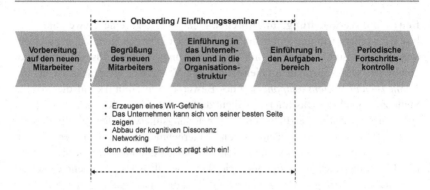

Abb. 2.8 Prozess der Einführung und Einarbeitung neuer Mitarbeiter

unternehmen, um die kognitive Dissonanz des Mitarbeiters aufzulösen bzw. zu beseitigen. Unzufriedene und enttäuschte Neueinsteiger neigen dazu, das Unternehmen bereits in der Probezeit zu verlassen und dadurch hohe Fluktuationskosten zu verursachen (vgl. DGFP 2006, S. 80).

Typische Einführungsmaßnahmen, um den Grundstein für eine zukünftige und nachhaltige Mitarbeiterbindung zu legen, sind *Einarbeitungspläne, Einführungsseminare* und *Mentorenprogramme.*

Die Vorbereitung und Aushändigung eines **Einarbeitungsplans**, der Termine mit wichtigen Gesprächspartnern, bestehende Arbeitsabläufe, Organigramme, Informationen über Standorte und Abteilungen etc. enthält, sollte für jeden neuen Arbeitgeber obligatorisch sein.

Eine der wirksamsten Maßnahmen ist es, den neuen Mitarbeiter am ersten Tag nicht direkt an seinen neuen Arbeitsplatz „zu setzen", sondern ihn im Rahmen eines **Einführungsseminars** zusammen mit anderen neuen Mitarbeitern willkommen zu heißen und über die besonderen Vorzüge des Unternehmens nachhaltig zu informieren. Das speziell für neue Mitarbeiter ausgerichtete Einführungsseminar wird von international orientierten Unternehmen sehr häufig als **Onboarding** bezeichnet. Ein solches Onboarding kann durchaus mehrere Tage umfassen und sollte von der Geschäftsleitung und dem Personalmanagement begleitet werden. Es vermittelt Kontakte über die Grenzen der eigenen Abteilung hinaus und fördert ein besseres Verständnis der Zusammenhänge von Personen und Prozesse im Unternehmen. Die neuen Mitarbeiter erfahren dadurch eine besondere Anerkennung, werden in ihrer Auswahlentscheidung bestärkt und für die weitere Arbeitsphase motiviert.

In Abb. 2.8 sind die einzelnen Phasen und Vorzüge einer motivierenden Einarbeitung und Einführung neuer Mitarbeiter dargestellt.

Im Anschluss an das Onboarding ist es sinnvoll, dem Neueinsteiger einen Paten (Mentor) an die Seite zu stellen, der die Einarbeitungszeit systematisch begleitet und bei Fragen und Problemen entsprechende Hilfestellung leistet. Ein **Mentoren-programm** sollte mindestens bis zum Ablauf der Probezeit befristet sein.

Erkennt das Unternehmen oder der neue Mitarbeiter, dass die Erwartungshaltungen nicht erfüllt worden sind bzw. der Mitarbeiter nicht für die Stelle geeignet ist, so ermöglicht die Probezeit eine sinnvolle Vereinfachung des Trennungsverfahrens (vgl. Jung 2006, S. 183).

2.2 Prozesskette Personalbetreuung

Die Prozesskette *Personalbetreuung* beschreibt den zweiten Teil der Personalmarketing-Gleichung. Ihre Wirkung ist (aus Sicht des Unternehmens) nach *innen* gerichtet. Als *internes* Personalmarketing beschäftigt sie sich mit den unternehmensinternen Zielgruppen. Das sind alle Mitarbeitergruppen mit ihren spezifischen Eignungen, Motiven und Interessen. Vor allem geht es dabei um die strategisch wichtigen Mitarbeiter und Mitarbeitergruppen, die in hohem Maße dazu beitragen (sollen), dass das Unternehmen jetzt und in Zukunft erfolgreich ist.

Ziel des internen Personalmarketings ist es, das Commitment der Mitarbeiter und insbesondere der strategisch relevanten Mitarbeitergruppen zu sichern, um Fluktuation und Leistungsdefizite zu vermeiden (vgl. DGFP 2006, S. 32). Im Vordergrund des internen Personalmarketings steht daher die **Mitarbeiterbindung** (engl. *Retention*).

Bestandteile der Wertschöpfungskette *Personalbetreuung* sind die Aktionsfelder Personalvergütung, -führung, -beurteilung, -entwicklung sowie -freisetzung. Es bestehen teilweise erhebliche Interdependenzen zwischen diesen Aktionsfeldern. Dies wird besonders deutlich am Instrument der *Zielvereinbarung*, das sich wie ein roter Faden durch nahezu alle Aktionsfelder der Wertkette *Personalbetreuung* zieht.

Das Aktionsfeld *Personalvergütung* wird als Teil eines umfassenden Anreiz- und Vergütungssystems behandelt, das die Wirkungszusammenhänge zwischen Motiven und materiellen sowie immateriellen Anreizen unter dem Aspekt der Gerechtigkeit verdeutlicht. Im Mittelpunkt stehen dabei die für die Gehaltsfindung relevanten Gerechtigkeitsprinzipien Anforderung, Markt und Leistung.

Das Aktionsfeld *Personalführung* wird als ein *Prozess* betrachtet, dessen Umsetzung inhaltlich durch die Wahrnehmung von Führungsaufgaben und in der Art und Weise durch den Führungsstil und das Führungsverhalten erfolgt. Darüber hinaus werden Aspekte zur Führungskommunikation sowie zu Führungsprinzipien vertieft. Im Vordergrund dieses Aktionsfeldes steht die Optimierung der Wertschätzung.

Das Aktionsfeld *Personalbeurteilung* befasst sich mit dem Beurteilungsprozess, den Prozessbeteiligten und den Kriterien der Beurteilung von Führungskräften und

Mitarbeitern. Hinweise zu möglichen Beurteilungsfehlern und zur Bedeutung des Beurteilungsfeedbacks sind ebenfalls Bestandteile dieses Aktionsfeldes, das die Optimierung der Fairness zum Ziel hat.

Das Aktionsfeld *Personalentwicklung* mit seinen vielfältigen Ausprägungen und Maßnahmen ist die zentrale Zukunftsinvestition des Personalmanagements. Hier stehen neben dem Kompetenzmanagement vor allem das Leadership Management sowie die Vorstellung einiger Personalentwicklungsmethoden im Vordergrund der Betrachtung. Die Personalentwicklung hat die Optimierung der Forderung und Förderung der Mitarbeiter zum Ziel.

Im Aktionsfeld *Personalfreisetzung* schließlich werden Möglichkeiten zur Personalflexibilisierung insgesamt und konkrete Personalfreisetzungsmaßnahmen vorgestellt. Einen besonderen Schwerpunkt nehmen die Kündigung, das Entlassungsgespräch und das Austrittsinterview ein.

2.2.1 Personalvergütung

Der zweite Teil der zweigeteilten Personalmarketing-Gleichung, der auf die Personalbetreuung abzielt, beginnt mit der Bereitstellung von markt-, anforderungs- und leistungsgerechten **Anreiz- und Vergütungssystemen** (engl. *Compensation & Benefits*). Die zu zahlende Vergütung als materielle Gegenleistung für die Arbeitsleistung seiner Mitarbeiter ist für das Unternehmen ein *Kostenfaktor*. Für den Arbeitnehmer ist die ausgezahlte Vergütung *Einkommen*, aber zugleich auch ein Leistungsanreiz. Leistungsfördernd ist die Vergütung allerdings nur dann, wenn sie vom Arbeitnehmer als *gerecht* empfunden wird.

Das Aktionsfeld *Personalvergütung* ist das erste Aktionsfeld der Prozesskette *Personalbetreuung* und hat die Optimierung der *Gerechtigkeit* als Zielfunktion:

$$Gerechtigkeit = f\ (Personalvergütung)\ optimieren!$$

Nicht wenige Personalverantwortliche stellen das *Entgelt* – besonders unter dem Aspekt der Mitarbeiterbindung – als den entscheidenden Baustein des betrieblichen Anreiz- und Vergütungssystems heraus. Eine solch eindimensionale Betrachtung wird den unterschiedlichen Verhaltensmotiven der Mitarbeiter jedoch nicht gerecht. Eine Untersuchung von Towers Perrin zeigt, dass der entscheidende *Bindungsfaktor* augenscheinlich nicht so sehr die finanziellen (also materiellen) Anreize, sondern mehr die immateriellen Anreize wie Kommunikation von Karrieremöglichkeiten, Reputation des Arbeitgebers, ausreichende Entscheidungsfreiheit, Trainingsangebot, Work-Life-Balance u. ä. sind (vgl. Towers Perrin 2007).

Damit ist zugleich auch das Dreieck zwischen technisch organisatorischem Wandel, demografischer Entwicklung und die als **Wertewandel** bezeichneten Wertverschiebungen angesprochen. Bei Führungsnachwuchskräften bzw. jüngeren

Mitarbeitern ist eine Eindeutigkeit der Werteorientierung (noch) nicht zu beobachten. Sie bewegen sich eher in Spannungsfeldern, die sich zwischen Leistungsorientierung und Lebensgenuss, zwischen Familie/Freizeit und Beruf, zwischen Individualisierung und Orientierung an gemeinsamen Zielen oder zwischen der Suche nach Herausforderungen und dem Streben nach Beständigkeit bewegen (vgl. Rump und Eilers 2006, S. 15).

Dies untermauern auch die entsprechenden Ergebnisse der EY-Absolventenbefragung von 2012. So gehören Familie und Freunde einerseits und Erfolg und Karriere andererseits zu den wichtigsten Werten der befragten Studienteilnehmer (siehe Insert 2.2).

Insert 2.2 Werte und Ziele von Hochschulabsolventen

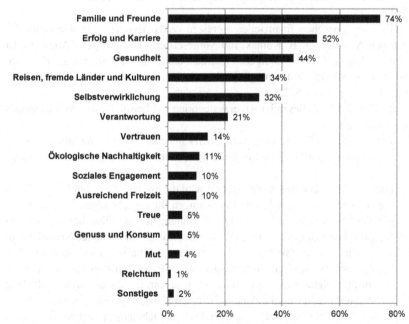

Welche Werte und Ziele sind Ihnen im Leben wichtig?

(Mehrfachnennungen möglich, maximal drei)

Familie und Freunde	74%
Erfolg und Karriere	52%
Gesundheit	44%
Reisen, fremde Länder und Kulturen	34%
Selbstverwirklichung	32%
Verantwortung	21%
Vertrauen	14%
Ökologische Nachhaltigkeit	11%
Soziales Engagement	10%
Ausreichend Freizeit	10%
Treue	5%
Genuss und Konsum	5%
Mut	4%
Reichtum	1%
Sonstiges	2%

0%   20%   40%   60%   80%

[Quelle: EY-Absolventenstudie 2012-2013, S. 5]

Im Rahmen der **EY-Absolventenbefragung** haben sich die Befragten auch zu ihren Werten und Zielen, die ihnen im leben wichtig sind, geäußert. Danach gehören Familie und Freunde zu den wichtigsten Werten und Zielen der Studienteilnehmer (74 Prozent). Es folgen Erfolg und Karriere (52 Prozent) sowie Gesundheit (44 Prozent). Materielle Dinge nehmen nach Meinung der befragten Hochschulabsolventen einen deutlich geringeren Stellenwert ein: Genuss und Konsum werden lediglich von fünf Prozent für wichtig erachtet. Reichtum erscheint für knapp ein Prozent der Befragten wichtig im Leben.

Abb. 2.9 Kategorien und beispielhafte Elemente betrieblicher Anreize

Betriebliche Anreizsysteme sollten diesen Spannungsfeldern, in denen sich die Mitarbeiter bewegen, möglichst gerecht werden. Im Vordergrund steht dabei die bewusste Gestaltung von Arbeitsbedingungen, die zur Erreichung betrieblicher Ziele dienen. Anreizsysteme sind damit Bestandteil jeder Managementkonzeption und setzen die Rahmenbedingungen zur Motivation der Mitarbeiter (vgl. Becker 2009, S. 1).

Es kann zwischen finanziellen Anreizen (z. B. fixe und variable Entgelte), sozialen Anreizen (z. B. Kontakt mit Vorgesetzten und Kollegen), Anreizen der Arbeit selbst (z. B. Arbeitsumgebung, Arbeitsinhalt) sowie Anreizen des organisatorischen Umfeldes (z. B. Image des Unternehmens) unterschieden werden (vgl. von Rosenstiel 1975, S. 231).

In Abb. 2.9 sind diese vier Anreizkategorien mit beispielhaften Anreizelementen dargestellt.

Ausgehend von diesen Anreizkategorien kann eine andere Unterteilung in *materielle* und *immaterielle* Anreize vorgenommen werden (vgl. Becker 2009, S. 11 f.):

- Unter dem **materiellen Anreizsystem** wird die Summe aller vom Unternehmen angebotenen und zu zahlenden Belohnungen für die erbrachten Arbeitsleistungen der Mitarbeiter verstanden. Die Belohnungen unterteilen sich in einen obligatorischen Teil mit Lohn/Gehalt, Urlaub, Sozial- und sonstige Nebenleistungen sowie in einen fakultativen Teil, durch den Mitarbeiter am ökonomischen Erfolg des Unternehmens bzw. an ihrer persönlichen Leistung teilnimmt.
- Das **immaterielle Anreizsystem** betrifft jene Anreize, die durch die Teilnahme am Planungs- und Entscheidungssystem, am Karrieresystem, am Informationssystem oder am Organisationssystem des Unternehmens gesetzt wird.

Abbildung 2.10 liefert die entsprechende Übersicht.

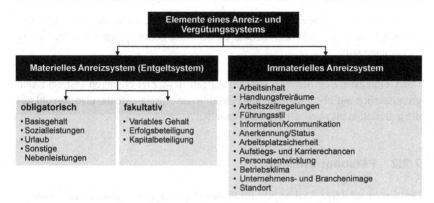

Abb. 2.10 Elemente eines Anreiz- und Vergütungssystems

Bei der Gestaltung und Zielsetzung betrieblicher Anreizsysteme sollten folgende **Anforderungen** berücksichtigt werden (vgl. Locher 2002, S. 19 ff.):

- **Leistungsorientierung.** Anreizsysteme sind leistungsorientiert, wenn sich Leistungsunterschiede auch in der Vergütung niederschlagen. Sind allerdings Leistungsergebnisse vornehmlich auf unternehmensinterne oder -externe Rahmenbedingungen zurückzuführen, so kann von diesen Resultaten allein nicht auf das Leistungsverhalten des Mitarbeiters geschlossen werden.
- **Gerechtigkeit.** Anreizsysteme sind so zu konzipieren, dass sie von den Mitarbeitern als gerecht wahrgenommen werden. Gelingt dies nicht, so ist mit entsprechender Demotivation und geringerer Leistungsbereitschaft der Mitarbeiter zu rechnen.
- **Transparenz.** Anreizsysteme sind transparent, wenn ihre Ausgestaltung für die Mitarbeiter nachvollziehbar, durchschaubar und in ihren Konsequenzen vorhersehbar ist. Transparenz führt zu einer objektiveren Vergabe von Belohnungen, so dass sich die Mitarbeiter gerecht behandelt fühlen.
- **Wirtschaftlichkeit.** Anreizsysteme genügen dem Postulat der Wirtschaftlichkeit, wenn die verursachten Kosten geringer sind als die erzielten Erträge. Mit anderen Worten, jedes Unternehmen muss sich sein Anreizsystem „leisten" können.
- **Integration.** Anreizsysteme müssen sich an den Unternehmenszielen orientierten und mit den anderen Führungssubsystemen in ein konsistentes Gesamtsystem integriert sein.

• **Individualität.** Anreizsysteme sind individualisiert, wenn den unterschiedlichen Bedürfnis- und Motivstrukturen der Mitarbeiter systematisch Rechnung getragen wird.

Der Geltungsbereich der o. a. Anforderungen bzw. Zielsetzungen erstreckt sich grundsätzlich auf alle Elemente des betrieblichen Anreizsystems, also sowohl auf die materiellen als auch auf die immateriellen Anreize.

2.2.2 Personalführung

Das zweite wichtige Aktionsfeld im Personalbetreuungsprozess ist die *Personalführung*. Es hat die Optimierung der *Wertschätzung* zum Ziel:

$$Wertschätzung = f \ (Personalführung) \ optimieren!$$

Der Führungsbegriff wird häufig gleichgesetzt mit Management und Leitung. Verallgemeinert wird er anstelle von Unternehmensführung oder Mitarbeiterführung verwendet. Hier soll ausschließlich das Führen von Menschen durch Menschen diskutiert und dargestellt werden. Am geeignetsten (und kürzesten) erscheint deshalb die Definition von **Führung** durch von Rosenstiel (2003, S. 4):
„Führung ist zielbezogene Einflussnahme. Die Geführten sollen dazu bewegt werden, bestimmte Ziele, die sich meist aus den Zielen des Unternehmens ableiten, zu erreichen."
Die grundsätzlichen Aufgaben eines Managers sind es, ein Unternehmen bzw. eine Organisation zu leiten und die Menschen in diesem System zu führen. Der Bereich der Unternehmensführung beinhaltet dabei die „klassischen" sachbezogene Führungs-, Leitungs- und Verwaltungsaufgaben aus der Betriebswirtschaftslehre. Mitarbeiterführung ist dagegen die personenbezogene, verhaltenswissenschaftliche Komponente des Managements, die auch als **Personalführung** (engl. *Leadership*) bezeichnet wird (vgl. Staehle 1999, S. 72).
In der Personalführung zeichnet sich in den letzten Jahren ein Paradigmenwechsel ab. Während bislang Mitarbeiter in erster Linie mit Aufgaben bzw. mit Aufträgen geführt wurden, orientieren sich Führungsentscheidungen heute mehr und mehr an den Ergebnissen. Allerdings verfügen Führungskräfte nicht mehr über alle wichtigen Informationen, um *allein* ergebnisorientierte Entscheidungen treffen zu können. Daher kann das alte Führungsmuster „Führung durch wenige Führungskräfte – Ausführung durch viele Mitarbeiter" nicht mehr funktionieren. Mitarbeiter sollten früh in die Planungs- und Entscheidungsprozesse ihrer Unter-

nehmen eingebunden werden und Handlungsspielraum bekommen. Damit werden die Unternehmensziele zu Zielen der Mitarbeiter (vgl. Schröder 2002, S. 2). Dementsprechend verlagern sich die Aufgaben der Führungskräfte im Wesentlichen in drei Richtungen (vgl. Doppler und Lauterburg 2005, S. 68 f.):

- **Zukunftssicherung**, d. h. der Vorgesetzte muss die notwendigen Rahmenbedingungen hinsichtlich Infrastruktur und Ressourcen schaffen, damit die Mitarbeiter ihre Aufgaben auch in Zukunft selbständig, effektiv und effizient erfüllen können;
- **Menschenführung**, d. h. die Ausbildung und Betreuung der Mitarbeiter und die Unterstützung bei speziellen Problemen stehen hierbei ebenso im Vordergrund wie die Entwicklung leistungsfähiger Teams und das Führen mit Zielvereinbarungen;
- **Veränderungsmanagement** (engl. *Change Management*), d. h. Koordination von Tagesgeschäft und Projektarbeit, Steuerung des Personaleinsatzes, Bereinigung von Konfliktsituationen, Sicherstellen der internen und externen Kommunikation sowie die sorgfältige Behandlung besonders heikler Personalfälle.

Führung als zielbezogene Einflussnahme ist ein **Prozess**, dessen Umsetzung durch die Wahrnehmung von **Führungsaufgaben** (z. B. Zielvereinbarung, Delegation etc.) erfolgt. Die Form bzw. die Art und Weise, in der die Führungsaufgaben von den Führungskräften wahrgenommen werden, wird als **Führungsstil** (z. B. kooperativ) bezeichnet. Führungsstile sind somit *Verhaltensmuster* für Führungssituationen, in denen eine Führungskraft ihre Mitarbeiter führt. **Führungsverhalten** ist dagegen das *aktuelle* Verhalten einer Führungsperson in einer konkreten Führungssituation (vgl. Bröckermann 2007, S. 343).

In Abb. 2.11 sind die Zusammenhänge zwischen Führungsprozess, Führungsaufgaben und Führungsstil veranschaulicht.

Typische **Führungssituationen** sind durch folgende Merkmale gekennzeichnet (vgl. Berthel und Becker 2007, S. 108; Stock-Homburg 2013, S. 455 f.):

- In einer Führungssituation befinden sich *mindestens zwei Personen* – die Führungsperson und mindestens ein geführter Mitarbeiter.
- Die Führungssituation ist durch eine *soziale Interaktion* gekennzeichnet, d. h. das Verhalten der Führungskraft und das des Mitarbeiters bedingen sich gegenseitig.
- Die Interaktion ist *asymmetrisch*, d. h. die Führungsperson kann ihren Willen aufgrund unterschiedlicher Machtverteilung leichter durchsetzen.

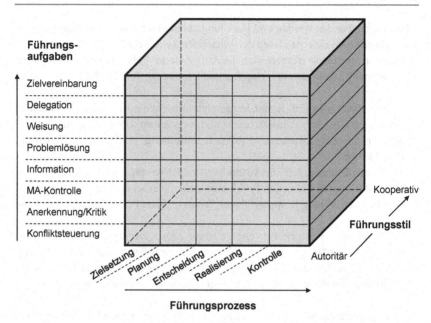

Abb. 2.11 Zusammenhang zwischen Führungsprozess, -aufgaben und -stil

- Die Einflussnahme durch die Führungskraft ist *zielorientiert*, d. h. die Führungsperson agiert im Sinne der Unternehmensziele.
- Die Interaktion ist *dynamisch*, da Führung permanenten Veränderungen sowohl auf der Unternehmensseite als auch auf Seiten der geführten Mitarbeiter ausgesetzt ist.

Neben Führungsprozess, Führungsaufgaben und Führungsstilen sind die *Führungsinstrumente* zu nennen, die sich in erster Linie auf technische Hilfsmittel oder einfache Prozeduren der Führung beziehen. Im weitesten Sinne lässt sich auch die *Führungskommunikation*, die den Informationsaustausch zwischen Führungskraft und Mitarbeitern betrifft, als Führungsinstrument auffassen. *Führungsprinzipien* kennzeichnen die Art und Weise der Koordination des Verantwortungsbereichs einer Führungskraft. *Führungstheorien* schließlich sind aus der Verhaltensforschung abgeleitete Basisaussagen über die Beziehungen zwischen „Führern" und „Geführten" (vgl. auch Scholz 2011, S. 389).

2.2.3   Personalbeurteilung

Die Personalbeurteilung setzt als drittes Aktionsfeld in der Personalbetreuungs-
prozesskette auf den beiden Säulen *Leistungsbeurteilung* und *Potenzialbeurteilung*
auf. Eine jederzeit *faire* Beurteilung ist das Kriterium. Das Aktionsfeld *Personalbeurteilung* ist also auf die Optimierung der *Fairness* ausgerichtet:

$$Fairness = f \ (Personalbeurteilung) \ optimieren!$$

Aufgabe und Zielsetzung der Personalbeurteilung ist es, Personalentlohnung,
-entwicklung und -einsatz zu objektivieren. Durch eine Beurteilung können die
unterschiedlichen Potenziale der Mitarbeiter besser genutzt und aufeinander ab-
gestimmt werden. Schwachstellen innerhalb der Organisation sollen auf diesem
Wege aufgedeckt und behoben werden (vgl. Kiefer und Knebel 2004, S. 24 ff.).

Durch die systematische Auswertung einer Vielzahl von Beobachtungen und
Beurteilungen im Unternehmen lassen sich Erkenntnisse sammeln, die für die ver-
schiedensten Entscheidungen des Personalmanagements erforderlich sind (vgl.
Jung 2006, S. 743 ff.; Steinmann und Schreyögg 2005, S. 794):

- Durch die Bereitstellung von Daten über die Leistungen der Mitarbeiter kann
  ein **leistungsgerechtes Entgelt** ermittelt werden.
- Durch die periodische Beurteilung stehen aktuelle Daten zur Personalstruktur
  zur Verfügung, die im Rahmen der **Personaleinsatzplanung** verwendet werden
  können.
- Die Personalbeurteilung liefert relevante Informationen zur Bestimmung des
  Fort- und Weiterbildungsbedarfs.
- Die systematische Personalbeurteilung kann als Instrument zur **Unterstützung
  des Führungsprozesses** dienen.
- Die Leistungs- und Potenzialbeurteilung (inkl. Beurteilungsfeedback) erhöht
  die **Motivation und Förderung der individuellen Entwicklung** der Mitarbeiter.
- Hinzu kommt noch die **Informationsfunktion für die Mitarbeiter**, denn nach
  § 82 II BetrVG können Arbeitnehmer verlangen, dass mit ihnen die Leistungsbeurteilung und die Möglichkeiten der weiteren beruflichen Entwicklung im
  Unternehmen erörtert werden.

Damit wird deutlich, dass das Aktionsfeld *Personalbeurteilung* eine gewisse Quer-
schnittsfunktion darstellt. So werden die Ergebnisse der Personalbeurteilung zugleich auch für die *Personalgewinnung* (Personalbedarfsplanung, interne Perso-

	Beurteilter	Beurteilender
Mitarbeiterbeurteilung	Mitarbeiter	Vorgesetzter, Review-Team
Vorgesetztenbeurteilung	Vorgesetzter	Mitarbeiter
Selbstbeurteilung	Mitarbeiter	Mitarbeiter
Kollegenbeurteilung	Kollege	Kollegen
Beurteilung durch Externe	Beschäftigte	Externe (Berater)
360⁰-Feedback	Beschäftigte	Interne + Externe

Abb. 2.12 Zuständigkeiten bei Personalbeurteilungen

nalbeschaffung) sowie in den Aktionsfeldern *Personalentwicklung, Personalfreisetzung, Personalvergütung* und *Personalführung* verwendet.

Die **Anlässe** für die Durchführung einer Personalbeurteilung sind vielfältig. Beurteilungen können u. a. erstellt werden

* bei Jahres-/Halbjahresbeurteilungen,
* nach Ablauf der Probezeit,
* beim Wechsel des Vorgesetzten,
* bei Versetzung sowie
* bei Beendigung des Arbeitsverhältnisses.

Grundsätzlich existieren verschiedene Konstellationen, wer wen beurteilen kann. In Abb. 2.12 sind die wichtigsten Formen der Personalbeurteilung aufgeführt.

Die häufigste Form der Personalbeurteilung ist die **Mitarbeiterbeurteilung**. In der Regel ist der Beurteilende der direkte Vorgesetzte des Beurteilten. Da das aktuelle Arbeitsverhalten Gegenstand der Beurteilung ist, hat i. d. R. nur dieser ausreichende Beurteilungsinformationen. Bei mehreren Vorgesetzten (z. B. in einer Matrixorganisation) kann eine gemeinsame Beurteilung in Betracht gezogen werden. Im Rahmen von Assessments für bestimmte Positionen kann aber auch ein **Review-Team** die Rolle des Beurteilenden einnehmen. Ein solches Review-Team besteht aus Mitarbeitern bzw. Führungskräften, die mindestens eine Hierarchiestufe über der zu beurteilenden Person angesiedelt sind. Zeitweise werden Review-Teams auch aus externen Beratern gebildet, um so ein höheres Maß an Neutralität und Objektivität zu gewährleisten. Neben der Mitarbeiterbeurteilung existieren weitere Formen der Personalbeurteilung:

* **Vorgesetztenbeurteilungen** sind Verfahren, bei denen Mitarbeiter das Arbeits- und Führungsverhalten sowie die Fähigkeiten und Kenntnisse ihrer direkten

Vorgesetzten nach qualitativen Beurteilungskriterien bewerten. Vorgesetzten-beurteilungen können konkrete Hinweise auf notwendige bzw. aus Sicht des Mitarbeiters wünschenswerte Änderungen des Führungsverhaltens geben (vgl. Bröckermann 2007, S. 224).

• Die **Selbstbeurteilung** wird häufig in Zusammenhang mit der Zeugniserstellung durchgeführt. Der betroffene Mitarbeiter wird gebeten, sein Arbeitszeugnis vorzuformulieren. Die Erstellung eines *Arbeitszeugnisses* ist bei Ausscheiden des betroffenen Mitarbeiters obligatorisch. Sie wird aber auch regelmäßig bei einem *Vorgesetztenwechsel* oder bei *Versetzungen* vorgenommen. Wichtig ist in diesem Zusammenhang die sogenannte *Zeugnissprache*, deren Formulierung an bestimmte Kriterien gebunden ist (zu Formulierungsbeispielen und deren Bedeutung siehe Jung 2006, S. 792 f. und 796 ff.).

• Weniger häufig wird die **Kollegenbeurteilung** praktiziert. Die Beurteilung erfolgt entweder in Beurteilungskonferenzen oder jeder Einzelne gibt seine Beurteilung beim Vorgesetzten ab.

• Manche Unternehmen setzen zur Beurteilung ihrer Mitarbeiter und Führungskräfte auch die Expertise von **Externen** ein. Diese Gruppe von Beurteilenden setzt sich zumeist aus Beratern zusammen, die sich auf Beurteilungsverfahren spezialisiert haben. Die Ergebnisse ermöglichen vor allem im Branchenvergleich ein objektives und neutrales Bild der Beurteilungszielgruppe.

• Eine besondere Form der Beurteilung ist das **360°-Feedback**, das eine anonyme Beurteilung des Mitarbeiters von verschiedenen Seiten vorsieht. Im Normalfall wird die 360°-Beurteilung von Führungskräften, Mitarbeitern und Kollegen vorgenommen. Es können aber auch zusätzlich die Beurteilungen von Kunden, Lieferanten oder Dienstleistern in den Beurteilungsprozess einbezogen werden (vgl. Scholz 2011, S. 391).

Grundsätzlich sollten alle Beurteilende über Kenntnisse und Erfahrungen in der Personalbeurteilung verfügen. Dadurch lassen sich Beurteilungsfehler zwar nicht vollständig vermeiden, jedoch erheblich reduzieren. Jeder Beurteilende unterliegt einer Reihe von subjektiven Einflüssen, die dazu führen, bestimmte Aspekte stärker oder verfremdet zu sehen und andere eher auszublenden. Diese **Wahrnehmungsverzerrungen** werden durch *intrapersonelle, interpersonelle* und *sonstige* Einflüsse hervorgerufen.

Intrapersonelle Einflüsse lassen sich unmittelbar auf den Beurteilenden zurückführen bzw. liegen in der Persönlichkeitsstruktur des Beurteilenden begründet.

Hierzu zählt zunächst die **selektive Wahrnehmung**, bei der der Betreffende aus einer Vielzahl von Informationen nur einen kleinen Ausschnitt bewusst oder unbewusst auswählt und diese zur Grundlage seines Urteils macht.

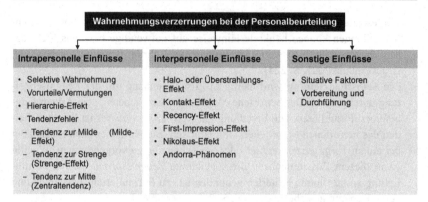

Abb. 2.13 Wahrnehmungsverzerrungen bei der Personalbeurteilung

Vorurteile und Vermutungen beruhen auf positiven oder negativen Erfahrungen, die der Beurteilende mit ähnlichen Personen gemacht hat. Sie überdecken die tatsächlichen Fakten und Zusammenhänge.

Interpersonelle Einflüsse liegen in der Beziehung zwischen den Beteiligten der Personalbeurteilung begründet und können ebenfalls zu Wahrnehmungsverzerrungen führen. Diese Einflüsse können sich als Sympathie oder Antipathie bemerkbar machen (vgl. Jung 2006, S. 764 f.).

Zu den **sonstigen Einflüssen**, die beim Personalbeurteilungsprozess zu Fehleinschätzungen führen können, zählen situative Einflüsse und Fehler bei der Vorbereitung und Durchführung einer Beurteilung. **Situative Einflüsse** gehen auf die besondere Situation einer Prüfung und die augenblickliche Rolle der Beteiligten zurück. Unzureichende Erfahrung der Beurteilenden bei der **Vorbereitung und Durchführung** sowie unbestimmte Beurteilungskriterien führen zu weiteren Beurteilungsfehlern.

In Abb. 2.13 sind die verschiedenen Wahrnehmungsverzerrungen bei der Personalbeurteilung systematisiert.

2.2.4 Personalentwicklung

Die Qualifizierung von Mitarbeitern und Führungskräften stellt eine zentrale Voraussetzung für Unternehmen dar, um langfristig wettbewerbsfähig zu sein. Mitarbeiter mit *der richtigen* fachlichen Qualifikation und den *richtigen* sozialen und kommunikativen Kompetenzen sowie die Managementqualitäten einer Führungskraft sind wesentliche Erfolgsfaktoren. Da sich die Angebote auf dem Absatzmarkt

Abb. 2.14 Inhalte und Ziele der Personalentwicklung

– zumindest in vielen Dienstleistungsbereichen – immer ähnlicher werden, definieren Unternehmen Alleinstellungsmerkmale und Wettbewerbsvorteile zunehmend über das Personal (vgl. Becker und Seffner 2002, S. 2).

Somit gilt es, die Personalentwicklung und hier speziell die Führungskräfteentwicklung (Leadership Development) als viertes Aktionsfeld im Rahmen der Prozesskette *Personalbindung* im Hinblick auf die *Mitarbeiterforderung und -förderung* zu optimieren:

$$Forderung\ und\ Förderung = f\ (Personalentwicklung)\ optimieren!$$

Inhalte der Personalentwicklung sind zum einen die Vermittlung von Qualifikationen im Sinne einer unternehmensgerechten *Aus- und Weiterbildung* (⇒ Forderung) und zum anderen Maßnahmen zur Unterstützung der beruflichen Entwicklung und Karriere (⇒ Förderung). Von besonderer Bedeutung ist darüber hinaus die Entwicklung von Führungsnachwuchskräften. Ihre Funktion als Repräsentant, Vorbild, Entscheidungsträger und Meinungsbildner macht die Führungskraft zum Multiplikator in der Personalentwicklung (vgl. Stock-Homburg 2013, S. 206 unter Bezugnahme auf Seidel 1993, S. 248).

In Abb. 2.14 ist der Zusammenhang zwischen Inhalten und generellen Zielen der Personalentwicklung dargestellt.

Bei Unternehmen lassen sich nach Jung (2006, S. 250 f.) im Allgemeinen zwei **Ansätze der Personalentwicklung** beobachten. Die eine Vorgehensweise versucht, die aktuellen Arbeitsplatzanforderungen mit den entsprechenden Qualifikationen in Einklang zu bringen. Der zweite (und sicherlich effektivere) Ansatz verfolgt das Ziel, über die gegenwärtigen Anforderungen hinaus flexible Mitarbeiterqualifikationen zu schaffen und eine individuelle Personalentwicklung zu praktizieren. Im Vordergrund steht dabei die Vermittlung weitgehend arbeitsplatzunabhängiger **Schlüsselqualifikationen**, die der Halbwertszeit des Wissens und dem lebenslangen Lernen Rechnung tragen.

Die zentrale Aufgabe der Personalentwicklung liegt demnach darin, die Menschen durch Lernen zu befähigen, sich in der dynamischen Welt der Arbeit zurechtzufinden. Nur mit systematisch betriebener Aus- und Weiterbildung kann es gelingen, über die gesamte Dauer des Berufslebens den sich wandelnden Anforderungen gewachsen zu sein. Systematische Förderung der Eignung und Neigung sichert qualifizierte und motivierte Mitarbeiter. Daneben muss der durch die veränderten Bedürfnisse entstandene **Wertewandel** von der Personalentwicklung aufgenommen und die daraus gewonnenen Erkenntnisse in Bildung und Förderung umgesetzt werden.

Sowohl das Unternehmen als auch seine Mitarbeiter verbinden mit der Personalentwicklung jeweils eigene Zielvorstellungen. **Ziele** der Personalentwicklung **aus Sicht des Unternehmens** sind (vgl. Stock-Homburg 2013, S. 209 f.):

* Verbesserung der Arbeitsleistung von Führungskräften bzw. Mitarbeitern,
* Erhöhung der Anpassungsfähigkeit der Führungskräfte bzw. Mitarbeiter hinsichtlich neuer Anforderungen und neuer Situationen,
* Steigerung von Eigenverantwortlichkeit, Eigeninitiative und Selbständigkeit der Führungskräfte bzw. Mitarbeiter,
* Steigerung der Identifikation und Motivation von Führungskräften und Mitarbeitern,
* Erhöhung der Attraktivität als Arbeitgeber auf dem Arbeitsmarkt.

Mitarbeiterbezogene Ziele der Personalentwicklung sind (vgl. Stock-Homburg 2013, S. 209 f.):

* Verbesserung der Karriere- und Aufstiegsmöglichkeiten innerhalb und außerhalb des Unternehmens,
* Klarheit über die beruflichen Ziele und Aufstiegsmöglichkeiten im Unternehmen,
* Schaffung von Möglichkeiten, um über das fachliche Wissen hinaus betriebsspezifisches Know-how und Flexibilität zur Bewältigung anstehender Veränderungsprozesse zu erlangen,
* Steigerung der individuellen Mobilität auf dem Arbeitsmarkt,
* Schaffung von Möglichkeiten zur Selbstverwirklichung z. B. unter dem Aspekt der Übernahme von größerer Verantwortung einerseits und der Work-Life-Balance andererseits.

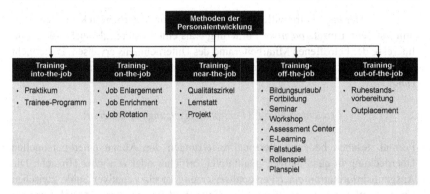

Abb. 2.15 Maßnahmen der Personalentwicklung

Die verschiedenen Maßnahmen der Personalentwicklung lassen sich nach zeitlicher und räumlicher Nähe zum Arbeitsplatz unterscheiden (vgl. Conradi 1983):

- Training-into-the-job (arbeitsplatzvorbereitende Maßnahmen),
- Training-on-the-job (arbeitsplatzbezogene Maßnahmen),
- Training-near-the-job (arbeitsplatznahe Maßnahmen) und
- Training-off-the-job (arbeitsplatzübergreifende Maßnahmen)
- Training-out-of-the-job (austrittsvorbereitende Maßnahmen).

In Abb. 2.15 sind die wichtigsten Maßnahmen der Personalentwicklung im Überblick dargestellt.

2.2.5 Personalfreisetzung

Das letzte Aktionsfeld im Rahmen der Wertschöpfungskette *Personalbetreuung* stellt die Personalfreisetzung dar. Ziel der Personalfreisetzung ist es, eine Überkapazität des Personalbestands zu vermeiden bzw. den Personalbestand abzubauen. Auf diese Situation müssen Unternehmen mit einer erhöhten Flexibilität reagieren. Diese Flexibilität erstreckt sich auf den aktuellen Personalbestand, aber auch auf vorhandene Arbeitszeitstrukturen und Vergütungssysteme, auf die Personalqualifikation, auf die Personalorganisation und auf die Personalführung. Erst wenn sich personelle Überdeckungen nicht mit Hilfe innerbetrieblicher Maßnahmen beseitigen lassen, müssen Freisetzungen durch Beendigung bestehender Arbeitsverhältnisse in Betracht gezogen werden.

Die Förderung des freiwilligen Ausscheidens von Mitarbeitern kann sich – zumindest beim Einsatz *positiver* Förderung – als eine Lösung („Erleichterung") im Interesse der betroffenen Mitarbeiter und des Unternehmens erweisen. Daher geht es bei der Personalfreisetzung in erster Linie um die Optimierung der *Erleichterung*:

$$Erleichterung = f\ (Personalfreisetzung)\ optimieren!$$

Formal gesehen bedeuten Personalfreisetzungen den Abbau einer personellen Überdeckung in quantitativer, qualitativer, örtlicher oder zeitlicher Hinsicht. Die Ausgangsinformation einer Personalfreisetzung ist ein negativer Saldo zwischen voraussichtlichem Personalbestand und dem Soll-Personalbestand (vgl. Springer und Sagirli 2006, S. 6).

Die Freisetzung personeller Kapazitäten kann verschiedene Ursachen haben. Einige von ihnen lassen sich weitgehend vorhersagen und ermöglichen somit eine frühzeitige und antizipative Planung des Freisetzungsbedarfs. Im Rahmen einer solchen *antizipativen Personalfreisetzung* wird versucht, das Entstehen von Personalüberhängen frühzeitig zu prognostizieren und entsprechende Maßnahmen einzuleiten. So können vorübergehende oder vorhersehbare Absatz- und Produktionsrückgänge verstärkt für Aktivitäten im Bereich der Personalentwicklung sowie für Urlaub oder Betriebsferien genutzt werden. (vgl. Scholz 2011, S. 490).

Eine entsprechende Gegenüberstellung von weitgehend vorhersehbaren bzw. unvorhersehbaren Umständen liefert Abb. 2.16.

Ursachen für eine Freisetzung lassen sich also auf vorübergehende (z. B. konjunkturell oder saisonal bedingte Bedarfsschwankungen) oder auf dauerhafte Be-

---

Personalbedarfsschwankungen entstehen durch …

… weitgehend vorhersehbare Umstände	… weitgehend unvorhersehbare Umstände
• Technischer Fortschritt und Rationalisierung • Betriebsstilllegungen bzw. -verlagerungen • Produktionsverlagerung oder -umstellung • Akquisition von Unternehmen/Fusionen • Veränderungen im Produkt- und Leistungsprogramm • Saisonale Absatzschwankungen • Organisatorische Veränderungen	• Bedarfsverschiebungen • Konjunkturell bedingte Absatzeinbrüche und Produktionsrückgänge • Strukturell bedingte Schrumpfungsprozesse in der Gesamtwirtschaft, Branche oder Unternehmen • Management- bzw. Planungsfehler • Fehlschlag bei der Produkteinführung • Absatzeinbrüche aufgrund unerwarteter Wettbewerbsaktivitäten

Abb. 2.16 Mögliche Ursachen der Personalfreisetzung

darfsrückgänge (z. B. bei Betriebsstilllegungen oder Geschäftsaufgabe) zurückführen.

Neben diesen unternehmens-, branchen- oder technologiebedingten Ursachen existieren grundsätzlich aber auch *mitarbeiterbezogene* Gründe der Personalfreisetzung. Diese Ursachen können im Verhalten oder in der Person (z. B. mangelnde Fähigkeiten) des Mitarbeiters begründet sein (vgl. Jung 2006, S. 315).

Notwendige Maßnahmen der Personalfreisetzung sind in jedem Fall möglichst frühzeitig einzuleiten. Nur so lässt sich eine bestmögliche Anpassung der bestehenden Arbeitsverhältnisse an die veränderten Rahmenbedingungen erreichen. Auf einschneidende Maßnahmen sollte dabei möglichst verzichtet werden. Kann allerdings auf schwerwiegende Einschnitte nicht verzichtet werden, ist auf die sozialverträgliche Ausgestaltung der Freisetzung zu achten, so dass negative Folgen für den betroffenen Arbeitnehmer gemildert werden können. Eine frühzeitige Information der betroffenen Mitarbeiter und des Betriebsrats ist gemäß § 102 BetrVG obligatorisch. Eine ohne Anhörung des Betriebsrats ausgesprochene Kündigung ist unwirksam (vgl. Scholz 2011, S. 496).

Personalfreisetzung ist *nicht* in jedem Fall gleichzusetzen mit einer Kündigung; sie besagt lediglich, dass ein weiterer Verbleib des Stelleninhabers auf seiner jetzigen Position auszuschließen ist. So sind Personalfreisetzungen auch über die Änderung bestehender Arbeitsrechtsverhältnisse realisierbar. Man kann somit zwischen einer Personalfreisetzung *mit* und *ohne* Personalabbau unterscheiden. Eine Freisetzungsmaßnahme mit Personalabbau ist z. B. die Entlassung von Mitarbeitern. Der Abbau von Überstunden oder die Einführung der Kurzarbeit stellt dagegen eine Maßnahme ohne Bestandsreduktion dar (siehe Abb. 2.17).

Personalfreisetzung ohne Personalabbau. Die beiden zentralen Maßnahmengruppen zur Personalfreisetzung ohne Personalabbau sind

• Versetzung sowie
• Maßnahmen zur Arbeitszeitverkürzung.

Versetzungen innerhalb eines Unternehmens stellen für die aufnehmende Organisationseinheit einen Personalbeschaffungsvorgang und für die abgebende Einheit eine Freisetzung dar. Versetzungen sind zumeist mit Personalentwicklungsmaßnahmen verbunden, die darauf abzielen, Mitarbeiter für andere gleichwertige oder höherwertige Tätigkeiten zu befähigen. Bei Tätigkeiten auf derselben Hierarchieebene handelt es sich um **horizontale Versetzungen**, bei höher- oder minderwertigen Tätigkeiten um **vertikale Versetzungen**, die mit einem hierarchischen Auf- oder Abstieg verbunden sind (vgl. Stock-Homburg 2013, S. 291 unter Bezugnahme auf Hentze und Graf 2005, S. 379).

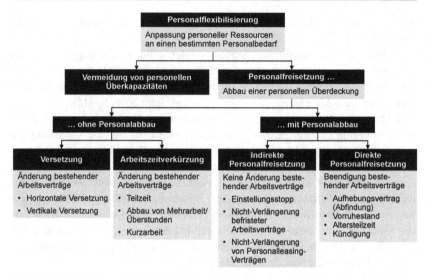

Abb. 2.17 Maßnahmen zur Personalfreisetzung

Im Gegensatz zur (Beendigungs-)Kündigung spricht man bei einer Versetzung von einer **Änderungskündigung**, da der Arbeitgeber mit der Kündigung ein Vertragsangebot verbindet, das Arbeitsverhältnis zu geänderten Bedingungen fortzusetzen.

Arbeitszeitverkürzung. Zu den Maßnahmen der **Arbeitszeitverkürzung** zählen

* Teilzeitarbeit,
* Job Sharing,
* Abrufarbeit,
* Abbau von Mehrarbeit,
* Zeitwertkonten und
* Kurzarbeit.

Personalfreisetzung mit Personalabbau. Lässt sich eine Personalbestandsreduktion nicht vermeiden, so hat der Arbeitgeber prinzipiell die Wahl zwischen *indirekten* und *direkten* Personalfreisetzungsmaßnahmen. Die indirekte Freisetzung zielt auf einen Personalabbau ab, ohne dass bisherige Arbeitsverhältnisse davon berührt werden. Zu den Maßnahmen der **indirekten Personalfreisetzung**, bei denen es sich um eine Personalflexibilisierung durch Umgehung der Arbeitgeberverantwortung handelt, zählen

- Einstellungsbeschränkungen,
- Nichtverlängerung befristeter Arbeitsverträge sowie
- Nichtverlängerung von Personalleasing-Verträgen.

Die **direkte Personalfreisetzung** ist dagegen immer mit einer Beendigung bestehender Arbeitsverhältnisse verbunden. Sie zielt darauf ab, einen relativ kurzfristigen Personalabbau herbeizuführen. Im Vordergrund steht dabei die Beendigung bestehender Arbeitsverhältnisse. Folgende Maßnahmen zählen zur direkten Personalfreisetzung:

- Aufhebungsvertrag,
- Outplacement,
- Vorruhestand/Altersteilzeit sowie
- Entlassung/Kündigung.

Lässt sich eine Aufhebungsvereinbarung, ein Outplacement oder eine Vorruhestandsregelung nicht ermöglichen, so ist die **Kündigung** der letzte in Betracht kommende Weg zum Personalabbau. Die Kündigung stellt die bedeutsamste Art der Beendigung von Arbeitsverhältnissen dar. Bestehende Arbeitsrechtsverhältnisse sind in Deutschland durch Vorschriften in verschiedenen Gesetzen sowie durch Tarifverträge und Betriebsvereinbarungen geschützt. Bei Personalfreisetzungen durch Aufhebung des Arbeitsverhältnisses sind besonders das Kündigungsschutzgesetz (KSchG) und Teile des Betriebsverfassungsgesetzes (BetrVG) von Bedeutung. Grundsätzlich ist eine Entlassung von Arbeitnehmern, die mindestens seit sechs Monaten im Unternehmen beschäftigt sind, nur dann möglich, wenn gewichtige Gründe in der Person (personenbedingte Kündigung) bzw. im Verhalten des Arbeitnehmers (verhaltensbedingte Kündigung) vorliegen oder wenn dringende betriebliche Erfordernisse einer Weiterbeschäftigung entgegenstehen (betriebsbedingte Kündigung). Siehe hierzu das Abb. 2.18.

Die **Entlassung von Mitarbeitern** gehört zu den weniger angenehmen Pflichten, die eine Führungskraft wahrnehmen muss. Entlassungen gehören aber zum Führungsgeschäft dazu. Die Frage ist allerdings, wie eine solche Aufgabe anzugehen ist. Das Einfachste ist, die Aufgabe dem Personalmanagement zu überlassen und sich zurückzuziehen oder sich hinter dem Sozialplan zu verstecken. Doch wer seine Führungsaufgabe ernst nimmt und dem Image des Unternehmens nicht schaden will, muss sich persönlich mit dem Betroffenen einlassen – so schwer es einem auch fällt, denn **Entlassungsgespräche** gehen unter die Haut (vgl. Doppler und Lauterburg 2005, S. 44 f.).

Werden sie aber fair, aufrichtig und ohne geliehene Autorität mit der Intension geführt, dass der Betroffene sein Gesicht nicht verliert, dann wird die für das

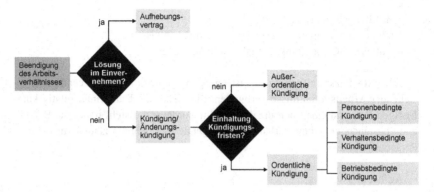

Abb. 2.18 Ablaufstruktur bei der Beendigung des Arbeitsverhältnisses

Aktionsfeld *Personalfreisetzung* angestrebte **Erleichterung** nicht eine ironische Attitüde, sondern im beidseitigem Interesse die Zielsetzung eines seriösen Freistellungsprozesses.

Im Rahmen von Entlassungen erleiden sowohl Arbeitnehmer als auch Arbeitgeber i. d. R. materielle und ideelle Schäden. Der möglichst weitgehende Verzicht auf betriebsbedingte Personalfreisetzungen liegt somit auch im Interesse des Unternehmens. So geht mit der Entlassung eines Mitarbeiters auch wertvolles Knowhow verloren, welches bei einem Anstieg des Personalbedarfs durch aufwendige Beschaffungs- oder Entwicklungsmaßnahmen neu erworben werden muss. In bestimmten Branchen (z. B. Unternehmensberatung) müssen für die reinen Kosten der Ersatzbeschaffung (engl. *Replacement*) eines neuen Mitarbeiters etwa die Höhe eines halben Jahresgehaltes angesetzt werden (vgl. Lippold 2010, S. 27).

Zusammenfassung und kritische Würdigung

3

Die Personalmarketing-Gleichung stellt einen prozessorientierten Zusammenhang zwischen den einzelnen Personal-Aktionsfeldern dar. Sie bietet auf dieser Grundlage einen Bezugs- und Handlungsrahmen für die beiden personalen Wertschöpfungsketten *Personalbeschaffung* und *Personalbetreuung* und wurde in zahlreichen Unternehmen der High-Tech- und Dienstleistungsbranche (B2B) erfolgreich angewendet.

Der besondere Vorzug der Personalmarketing-Gleichung liegt darin, dass die (kundenorientierten) Erkenntnisse aus dem Absatzmarketing auf ein Personalmanagement übertragen werden, das ansonsten immer noch sehr der klassischen, verwaltungsorientierten Personalkonzeption verhaftet ist.

Die Personalmarketing-Gleichung bildet somit das Fundament für das Personalmanagement, um praktische Entscheidungshilfen zu erhalten. Dazu werden für jedes **Aktionsfeld** im Personalbereich die entscheidenden **Aktionsparameter** herausgearbeitet und transparent gemacht, so dass die angestrebte Optimierung der beiden Teilziele der personalen Wertschöpfungskette – nämlich die Optimierung der Prozesskette *Personalbeschaffung* und die Optimierung der Prozesskette *Personalbetreuung* – erleichtert wird. Ferner werden für jedes Aktionsfeld die wichtigsten **Werttreiber**, d. h. die wesentlichen beeinflussbaren Hebel für den Personal- und damit auch für den Unternehmenserfolg, ermittelt und zusammengestellt.

Unter dem besonderen Aspekt der Wertorientierung sind in Abb. 3.1 zu jedem Aktionsfeld das zu optimierende Kundenkriterium, die Aktionsparameter sowie die Wertreiber dargestellt.

Kritik macht sich weniger an der Personalmarketing-Gleichung an sich, sondern ganz allgemein mehr an dem Begriff *Personalmarketing* fest (vgl. Schamberger 2006, S. 11 ff. und die dort angegebenen Quellen):

Die Bezeichnung *Personalmarketing* erwecke den Eindruck, dass Personal – gleichsam einer Ware – vermarktet würde. Um diese Assoziationen zu vermeiden,

© Springer Fachmedien Wiesbaden 2015
D. Lippold, *Einführung in die Personalmarketing-Gleichung*, essentials,
DOI 10.1007/978-3-658-10209-8_3

Aktionsbereich	Aktionsfeld	Kundenkriterium	Aktionsparameter	Werttreiber
Personal-beschaffung	Segmen-tierung	Bewerbernutzen → opt.!	• Personalneubedarf • Anforderungsprofil • Mikrosegmentierung • Makrosegmentierung	• Entwicklungsquote der Gesamtbelegschaft • Skill-Level-Pyramide
	Positio-nierung	Bewerbervorteil → opt.!	• Arbeitgeberauftritt • Arbeitgebermarke • Arbeitgeberattraktivität	• Platzierung in einem Arbeitgeberranking • Erfolgsquote Bewerbungen
	Signali-ierung	Bewerberwahr-nehmung → opt.!	• Anzahl Neueinstellungen • Signalisierungsbudget • Signalisierungskanäle • Signalisierungsinstrumente	• Bewerbungskanalquote • Qualität der Bewerbungen
	Kommu-nikation	Bewerber-vertrauen → opt.!	• Art, Anzahl und Intensität der Kommunikations-maßnahmen	• Bachelor-/Master-/Diplomanden-Quote • Praktikanten-Quote • Qualität High-Potentials
	Personal-auswahl u. -integration	Bewerber-akzeptanz → opt.!	• Qualität und Quantität der Einstellungsinterviews • Mitarbeiterintegrations-maßnahmen	• Akzeptanz-, Fehler-, Erfolgs-, Zusagequote • Auswahlqualität • Gewinnungszeit
Personal-betreuung	Personal-vergütung	Gerechtigkeit → opt.!	• Fixe Vergütung • Variable Vergütung • Zusatzleistungen	• Wahrgenommene Vergütungsgerechtigkeit • Erfolgsabhängiges Vergütungssystem
	Personal-führung	Wertschätzungl → opt.!	• Führungsaufgaben • Führungsverhalten • Führungsstil • Führungsprinzip	• Akzeptanz-/Umset-zungsquote der Führungsinstrumente • Führungskräftequote
	Personal-beurteilung	Fairness → opt.!	• Beurteilungskriterien • Beurteilungsfeedback	• Feedback-Gesprächsquote • Vorgesetzten-beurteilungsquote
	Personal-entwicklung	Forderung und Förderung → opt.!	• Aus- und Weiterbildungsbudget • Leadership Development	• Bindungsquote der Leistungsträger • Mindestverweildauer von Führungskräften
	Personal-freisetzung	Erleichterung → opt.!	• Personalflexibilisierung • Entlassungsgespräch	• Exitanalyse • Austrittsinterviewquote

Abb. 3.1 Wertreiber, Aktionsparameter und Kundenkriterium je Aktionsfeld

werden von einigen Autoren Begriffe wie *Arbeitsplatzmarketing* oder *Personal-beschaffungsmarketing* gefordert.

Ein weiterer Kritikpunkt besagt, dass mit dem Begriff *Personalmarketing* **kein Erkenntnisgewinn** erzielt werde. Die eingeführten Begriffe der Personalwirt-schaft wie *Personalwerbung, Personalbeschaffung* oder *Personalpolitik* seien ausreichend und sollten nicht durch ein Modewort ersetzt werden, das vor allem dem Zeitgeist geschuldet sei.

Schließlich wendet sich die Kritik gegen die **„schiefe" Analogie von Güter- und Arbeitsmarkt**. Es wird angeführt, dass die Teilnahme am Arbeitsmarkt aufgrund wirtschaftlicher Zwänge nur begrenzt freiwillig sei. Zudem sei die Preisbildung auf den Arbeitsmärkten im Gegensatz zu Gütermärkten weitestgehend reguliert. So hemme das interne Gehaltsgefüge des Arbeitgebers häufig eine freie Verhandlung.

Relativ „neutral" verhält sich die neuere personalwirtschaftliche Literatur zum Personalmarketing-Begriff, wenn sie formuliert, dass man dann von Personalmarketing spricht, wenn *„die Ziele der Personalgewinnung durch Instrumente des klassischen Marketings verfolgt"* werden (vgl. Stock-Homburg 2013, S. 131 unter Bezugnahme auf Klimecki und Gmür 2001, S. 41).

Uns scheint diese Zuordnung des Personalmarketings ausschließlich zum Aktionsbereich der Personalgewinnung bzw. Personalbeschaffung zu kurz gegriffen, weil sie die kundenorientierte und kraftvolle Denkhaltung des Begriffs, der sich nicht nur auf die Gewinnung, sondern auch auf die **Bindung** von bedarfsgerechten Mitarbeitern bezieht, nicht in ausreichendem Maße berücksichtigt.

Literatur

Alderson W (1957) Marketing behavior and executive action. Homewood (Il.)

Beck C (2008) Personalmarketing 2.0. Personalmarketing in der nächsten Stufe ist Präferenz-Management. In: Beck C (Hrsg) Personalmarketing 2.0. Vom Employer Branding zum Recruiting, Köln

Becker FG (2009) Führen mit Anreizsystemen. In: v. Antoni CH, Eyer E (Hrsg) Digitale Fachbibliothek „Das flexible Unternehmen". Symposium, Düsseldorf. http://www.symposion.de/?autoren/250775_Prof_Dr_Fred_G_Becker. Zugegriffen: 01. Juli 2009

Becker G, Seffner S (2002) Erfolgsfaktor Personal – Wachstum und Zukunftsorientierung im Mittelstand. Kienbaum Consultants International

Berthel J, Becker F (2007) Personalmanagement. Grundzüge für die Konzeption betrieblicher Personalarbeit, 8. Aufl. Schäffer-Poeschel, Stuttgart

Bröckermann R (2007) Personalwirtschaft. Lehr- und Übungsbuch für Human Resource Management, 4. Aufl. Schäffer-Poeschel, Stuttgart

Conradi W (1983) Personalentwicklung. Stuttgart

DGFP e. V. (Hrsg) (2004) Wertorientiertes Personalmanagement – ein Beitrag zum Unternehmenserfolg. Konzeption – Durchführung – Unternehmensbeispiele, Düsseldorf

Doppler K, Lauterburg C (2005) Change Management. Den Unternehmenswandel gestalten, 11. Aufl. Campus, Frankfurt a. M.

Ernst & Young (Hrsg) (2013) EY-Absolventenstudie 2012–2013. Ergebnisbericht, Hamburg

Hentze J, Graf A (2005) Personalwirtschaftslehre, Teil 2, 7. Aufl. UTB, Stuttgart

Homburg C, Krohmer H (2006) Marketing-Management, 2. Aufl. Gabler, Wiesbaden

IBM (Hrsg) (1984) Das IBM-Kommunikationsmodell. In: Enzyklopädie der Informationsverarbeitung. Stuttgart

Jäger W (2008) Die Zukunft im Recruiting: Web 2.0. Mobile Media und Personalkommunikation. In: Beck C (Hrsg) Personalmarketing 2.0. Vom Employer Branding zum Recruiting, Köln

Jung H (2006) Personalwirtschaft, 7. Aufl. Oldenbourg, München

Kiefer BU, Knebel H (2004) Taschenbuch Personalbeurteilung – Feedback in Organisationen, 11. Aufl. Heidelberg

Klimecki RG, Gmür M (2005) Personalmanagement, 3. Aufl. UTB, Stuttgart

Kotler P, Armstrong G, Wong V, Saunders J (2011) Grundlagen des Marketing, 5. Aufl. Pearson, München

© Springer Fachmedien Wiesbaden 2015
D. Lippold, *Einführung in die Personalmarketing-Gleichung*, essentials,
DOI 10.1007/978-3-658-10209-8

Lippold D (1998) Die Marketing-Gleichung für Software. Der Vermarktungsprozess von erklärungsbedürftigen Produkten und Leistungen am Beispiel von Software, 2. Aufl. Schäffer-Pöschel, Stuttgart

Lippold D (2010) Die Marketing-Gleichung für Unternehmensberatungen. In: Niedereichholz et al (Hrsg) Handbuch der Unternehmensberatung, Bd. 2, 7440, Berlin

Lippold D (2015) Die Marketing-Gleichung. Einführung in das prozess- und wertorientierte Marketingmanagement. De Gruyter, Berlin/Boston

Locher A (2002) Individualisierung von Anreizsystemen, Basel

Petkovic M (2007) Employer Branding. Ein markenpolitischer Ansatz zur Schaffung von Präferenzen bei der Arbeitgeberwahl. München

Petry T, Schreckenbach f (2010) Web 2.0 – Königs- oder Holzweg? In: Personalwirtschaft 09–2010

Porter ME (1986) Competition in global industries. A conceptual framework. In: Porter ME (Hrsg) Competition in global industries. Harvard Business School Press, Boston, S 15–60

Recruiting Trends (Hrsg) (2010) vom Centre of Human Resources Information Systems (CHRIS) der Otto-Friedrich-Universität Bamberg und der Goethe-Universität Frankfurt a. M.

Ringlstetter M, Kaiser S (2008) Humanressourcen-Management. Oldenbourg, München

Rosenstiel von L (1975) Die motivationalen Grundlagen des Verhaltens in Organisationen. Berlin

Rump J, Eilers S (2006) Managing Employability. In Rump J, Sattelberger T, Fischer H (Hrsg) Employability Management. Grundlagen, Konzepte, Perspektiven. Gabler, Wiesbaden, S 13–76

Schamberger I (2006) Differenziertes Hochschulmarketing für High Potentials, Schriftenreihe des Instituts für Unternehmensplanung (IUP), Bd. 43. Norderstedt

Schröder W (2002) Ergebnisorientierte Führung in turbulenten Zeiten. http://www.dr-schroeder-personalsysteme.de/pdffiles/Artikel17/

Scholz C (2011) Grundzüge des Personalmanagements. Vahlen, München

Seidel C (1993) Top-Management-Entwicklung in der Dresdner Bank. In: Würtele G (Hrsg) Lernende Elite: Was gute Manager noch besser macht. Frankfurt a. M., S 244–257

Simon H, Wiltinger K, Sebastian K-H, Tacke G (1995) Effektives Personalmarketing. Strategien, Instrumente, Fallstudien. Gabler, Wiesbaden

Springer J, Sagirli A (2006) Personalmanagement – Personalfreisetzung. http://www.iaw.rwth-aachen.de/download/lehre/vorlesungen/2006

Staehle W (1999) Management, 8. Aufl. Vahlen, München

Steinmann H, Schreyögg G (2005) Management. Grundlagen der Unternehmensführung. Konzepte – Funktionen – Fallstudien, 6. Aufl. Gabler, Wiesbaden

Stock-Homburg R (2013) Personalmanagement: Theorien – Konzepte – Instrumente, 3. Aufl. Springer Gabler, Wiesbaden

Sutherland MM, Torricelli DG, Karg RF (2002) Employer-of-choice branding for knowledge workers. South African J Bus Manag 33:13–20

Talential & Wiesbaden Business School (2011) Nutzung von Social Media im Employer Branding und im Online-Recruiting 2011. http://www.slideshare.net/talential/nutzung-von-social-media-im-employer-branding-und-im-onlinerecruiting

Thomet O (2005) Relevante Merkmale des Personalimages für die individuelle Organisationsauswahl. Eine empirische Studie bei 1000 Wirtschaftsstudenten in der Schweiz, Zürich

Towers Perrin (2007) Global Workforce Study 2007

Waite A (2007) HR's role in audience segmentation. Strateg HR Rev 6(2):16–19

Weuster A (2004) Personalauswahl. Anforderungsprofil, Bewerbersuche, Vorauswahl und Vorstellungsgespräch. Gabler, Wiesbaden

Sachverzeichnis

A

Absatzmarketing, 6, 9
Absatzmarkt, 20
Akquisitionspotential, 6
Aktionsfeld, V, 5, 16, 29, 30, 49
Aktionsparameter, V, 5, 49
Alleinstellungsmerkmal, 17, 41
Änderungskündigung, 46
Anforderungsprofil, 14, 27
Anreizelemente, 32
Anreizkategorien, 32
Anreizsystem
  immaterielles, 32
  materielles, 32
Anreiz- und Vergütungssystem, 30
Applicant, 6
Arbeitsmarktanalyse, 14
Arbeitsmarktpositionierung, 12
Arbeitsmarktsegmentierung, 12, 14
Arbeitsplatz, 9
Arbeitsplatzmarketing, 50
Arbeitszeitverkürzung, 46
Assessment Center, 27
Assoziationsphase, 22
Aus- und Weiterbildung, 41

B

Berufseinsteiger, 24
Betreuungsprogramm, 22
Betriebsvereinbarung, 47
Beurteilungsfehler, 39
Bewerber, 17
Bewerberakzeptanz, 3
Bewerberdatei, 26
Bewerberkriterium, 3
Bewerbernutzen, 3, 12, 17
Bewerberprogramm, 21
Bewerberscreening, 27
Bewerbervertrauen, 3, 22
Bewerbervorteil, 3, 16, 17, 19
Bewerberwahrnehmung, 3, 19
Bewerbungsanalyse, 27
Bewerbungspool, 26
Bewusstseinsprogramm, 21
Bindungsfaktor, 30
Bindungsphase, 22
Branding, 11

C

Change Management, 35
Compensation & Benefits, 30

© Springer Fachmedien Wiesbaden 2015
D. Lippold, *Einführung in die Personalmarketing-Gleichung*, essentials,
DOI 10.1007/978-3-658-10209-8

Printed in the United States
By Bookmasters